Anna Freixas

Ich, die Alte!

Aktivistische Ratschläge
für freie Menschen

Aus dem Spanischen von
Gemma Terés Arilla
und Michael Ebmeyer

Anna Freixas

Ich, die Alte!

Aktivistische Ratschläge für freie Menschen

orlanda

Anmerkung zur deutschen Ausgabe

Es geht in diesem Buch um die Überwindung von Diskriminierung, um einen Wandel der Gesellschaft. Deshalb verwenden wir in der deutschen Übersetzung bei Gruppenbezeichnungen den »Gender-Stern« – um klarzustellen, dass alle Menschen gleichermaßen gemeint sind.

Für dich, Juan,
endlose Liebe,
du lebtest, um sie zu teilen, und du gingst,
aber du bist hier.

Inhalt

Als sie ankamen

Gedicht von Marisa Calero (für Anna)

»… und er brachte sie zu Adam, um zu sehen, wie er jedes Einzelne nennen würde …«
Genesis 2:19

Die Fische und die Vögel
hatten bereits ihre Namen erhalten,
als sie ankamen.
Fremde in ihrer Sprache,
betraten sie den Rasen nicht,
um keinen Lärm zu machen.
In ihren Schüsseln fingen sie das Blut auf,
das andere vergossen hatten,
sie wuschen die Beleidigungen
fort am Rand des Brunnens,
sie kneteten das Brot, das sie nicht aßen.
Immer nah am Feuer,
bekleidete man sie mit Hemden aus Schwefel,
versiegelte ihnen die Bücher,
und sie, unter der Lampe,
konnten sie auswendig aufsagen.
Sie wurden bezichtigt, die Luft einzuatmen,
man dichtete die Ritzen in ihren Schlafzimmern ab.

Und nun
beginnt der Flug, der
unter den Kissen gehalten wurde.
Es ist der Anfang,
Schwestern.

Vorwort

Manuela Carmena, von 2015 bis 2019 Bürgermeisterin von Madrid

Ich habe dieses Buch verschlungen. Danke, Anna, vielen Dank. Deine Listen von Ratschlägen für uns alte Frauen haben mir großen Spaß gemacht. Und schon das ist etwas sehr Wichtiges. Vielleicht wird bisher zu wenig beachtet, dass wir Frauen, neben so vielem anderen, auch dafür kämpfen mussten, überhaupt als Frauen anerkannt zu werden. Wir mussten darum kämpfen, unsere biologischen Eigenheiten bekannt zu machen, auch darum, sie selbst kennenzulernen, mit allem, was an ihnen großartig, anders und besonders ist.

Die Verhaltensweisen unseres Körpers zu verstehen. Unser organisches Funktionieren im Allgemeinen und, was noch wichtiger ist, unsere so unbekannte Sexualität. Über sie warf die Tradition mindestens einen blickdichten Schleier, sofern sie nicht in althergebrachter Grausamkeit versuchte, sie ganz auszuschalten. Es sollte nicht vergessen werden, dass die grässliche Praxis der Klitorisbeschneidung keineswegs nur in einigen Gesellschaften des afrikanischen Kontinents vorkommt. Im 19. und bis zum Anfang des 20. Jahrhunderts war sie ein gängiges Vorgehen angesehener europäischer und amerikanischer Ärzte. Die Herren Doktoren waren so dreist, den weiblichen Orgasmus, anstatt ihn als solchen anzuerkennen, als Krankheitssymptom zu diagnostizieren. Ein englischer Gynäkologe empfahl 1866 öffentlich die operative Entfernung der Klitoris als Mittel gegen Hysterie. Das war vorsätzliche, ideologische Ignoranz – und es ist dringend nötig, dass diese Dinge ans Licht gebracht und erforscht werden!

Ja, es ist von essenzieller Bedeutung, dass wir an all das weibliche Leid erinnern, das die in einem uralten Sexismus wurzelnde tödliche Mischung aus Überheblichkeit und Unwissen verursacht hat. Bis hin zur Fantasie christlicher Theologen, die Frau sei ein biologisch unvollkommenes Wesen, das seinen Penis eingebüßt habe und ihn erst beim Eintritt ins Paradies wiedererlangen würde. Natürlich nur, wenn sie gottesfürchtig gelebt und ihn sich verdient hätte. Was für ein obszönes, narzisstisches Bild von einem hermaphroditischen Himmel! Der Islam mochte zwar noch sexistischer geprägt sein, doch er stellte den Männern immerhin ein Paradies mit Jungfrauen in Aussicht.

All diese Barbareien, manche nur theoretisch, andere in große praktische Brutalität umgesetzt, haben dazu geführt, dass Frauen sich selbst weitgehend unbekannt blieben, und trugen jahrhundertelang dazu bei, dass der Frauenkörper nicht nur ein Rätsel war, sondern verborgen wurde. Er galt an und für sich als Objekt der Sünde, und sogar die Frauen selbst sahen ihn so. Wir stellten unsere eigene organische Struktur infrage und wagten unsere Empfindungen nicht einmal zu erkennen, geschweige denn zu ergründen. Aus diesem negativen, abwegigen Rahmen von Sünde und Fluch mussten wir uns herauskämpfen, mussten die quälende historische Last abwerfen. Und so haben wir uns unsere eigenen Erfahrungen erschlossen, mit uns und mit anderen, haben voneinander gelernt, von den Dingen, die wir einander anvertrauten. Dabei stützten wir uns vor allem auf das Wissen von Ärztinnen, aber auch von einzelnen männlichen Ärzten mit Respekt für die weibliche Intelligenz. Sie haben zu dem Licht beigetragen, das wir brauchten, um uns – was für ein Paradoxon – selbst kennenzulernen.

Wie ich dir eingangs sagte, Anna, danke ich dir für dieses Buch voller kluger Ratschläge. Mir hat sehr gefallen, was du uns, den alten, den nicht mehr so jungen Frauen empfiehlst. Du sagst zum Beispiel, wir sollten daran denken, uns die Haare am Hinterkopf zu ordnen, wenn wir länger auf dem Sofa gelegen haben. O ja, auch ich habe mich schon öfter mit verfilztem Hinterkopf erhoben. Warum ist das so, Anna? Werden die Haare mit den Jahren etwa auch ein bisschen träger? Bei Dingen, die uns eher auffallen, geben wir uns mehr Mühe, fit zu bleiben. Aber die Haare haben wir nicht im Griff, wir wissen ja auch nicht, woher die grauen kommen (ich glaube, die Männer wissen es ebenso wenig); nur Friseur*innen kennen sich da wirklich aus.

Uns einzugestehen, dass wir alt geworden sind, ist etwas Seltsames, so offensichtlich und doch so falsch, zumindest vom Gefühl her. Ich habe das Wort *alt* nie gemocht und mich auch nie als alt empfunden, obwohl ich nun schon 77 bin. Lange Zeit war ich es gewohnt, in jeder Gruppe die Jüngste, die Kleine zu sein, mich hochzuarbeiten in einer Welt der Älteren. Dieser Prozess ist zweifellos abgeschlossen, er hat aber meinen Lebensweg geprägt. Als ich kandidierte, um Bürgermeisterin von Madrid zu werden, fand ich mich von Mitstreitenden umgeben, die meine Kinder hätten sein können. Ein Realitätsschock: Ohne Zweifel und mit Abstand war ich die Älteste. Doch ich fühlte mich nicht anders als sonst, war dieselbe wie immer. Mein Körper hat sich verändert, hat sich abgenutzt, ist faltig geworden, aber im Innern fühle ich mich nicht anders. Ich glaube, das ist gut so. Sportlich gesagt: Bloß nicht das Handtuch werfen.

Vieles von dem, was du schreibst, kann ich bestens nachvollziehen. Ich habe Dinge getan – und tue sie weiterhin –, die die Gesellschaft nicht mehr für uns alte Menschen vorsieht. Ich bin überzeugt, dass wir sie genauso gut können wie die Jüngeren, oder sogar besser. Das soll nicht heißen, dass unsere Erfahrung uns Alte den Jungen per se überlegen macht. Aber wir sind ihnen eben auch nicht unterlegen. Für die Wirtschaft wären Ältere wertvoller als Jüngere, wenn der Lebenserfahrung die angemessene Wertschätzung entgegengebracht würde. Stattdessen wird diese so schwer zu erwerbende Kompetenz von den Unternehmen kaum genutzt. Noch problematischer aber ist die Vergeudung auf gesellschaftlicher Ebene: Die Alten werden ständig unterschätzt und abgewertet. Müssen Frauen generell hart darum kämpfen, Anerkennung zu erlangen, so wird dieser Kampf noch mühseliger, wenn er sich gegen das vorherrschende Bild vom biologischen Kalender richtet.

Als ich Bürgermeisterin war, gab es vor dem Rathaus immer wieder Protestkundgebungen. Öfter ging ich dann hinunter, um zu sehen, was los war. In einem Fall begannen die Versammelten, offenbar Gefolgsleute der rechten Volkspartei, mich anzuschreien: »Alte, Alte, rote Alte!« Ich wartete einen etwas ruhigeren Moment ab und begrüßte sie freundlich. Da verstummten sie erstaunt. Ich sagte ihnen, sie würden das Wort »Alte« zwar als Schimpfwort benutzen, aber es sei keins. Sie hätten ja recht, ich sei eine alte Frau. Man könne es auch höflicher ausdrücken, also fügte ich hinzu: eine alte Dame. Und man könne darin auch einen gewissen Vorteil erblicken. Weil ich so alt war, hatte ich die Franco-Diktatur noch erlebt, ich war eine derjenigen gewesen, die durch ihren Widerstand dazu beigetragen hatten, die Demokratie nach Spanien zu bringen: diese Demokratie, um die wir uns alle kümmern müssten und die es ihnen gerade ermöglichte, frei ihre Meinung zu äußern und mich öffentlich zu kritisieren.

Sie waren es nicht gewohnt, dass jemand ruhig mit ihnen diskutierte und dabei sogar noch freundlich war. Einige von uns Alten können das aber, und wir tun es sogar besonders gerne.

Ja, die Lebenserfahrung ist etwas Großartiges. Wie ein praller Rucksack voller Handlungsoptionen, der uns klüger und umsichtiger und – das ist das Beste – kreativer machen kann. Wir verfügen, um noch ein anderes Bild zu bemühen, über mehr Pinsel und mehr

Farben, mit denen wir Erlebtes zeichnen und darstellen können.

All das ermöglicht uns das Alter, solange der körperliche Verfall nicht zu weit fortgeschritten ist und das Gehirn noch gut arbeitet. Unter diesen Voraussetzungen kann das Alter eine glückliche, freie, kreative und genussvolle Phase sein. Wichtig dafür ist allerdings, dass wir jeden Abschnitt unseres Lebens bewusst wahrgenommen haben. In gewisser Weise sind wir für unser Altern ebenso verantwortlich, wie wir es als Erwachsene für unser Gesicht und Erscheinungsbild sein sollten.

Als ich 15 Jahre alt war, hatten wir zu Hause das Magazin *Blanco y Negro*, eine Sonntagsbeilage zur Zeitung *ABC*. In diesem Magazin schrieb eine Autorin, die ich bewunderte, Begoña García de Diego, und in einem ihrer Artikel (»Sag ja« hieß er) mahnte sie, beim Älterwerden seien wir für unser Gesicht verantwortlich. Das war in den 60er-Jahren des vorigen Jahrhunderts, und ich bezweifle, dass man es heute noch so sagen würde – schließlich hat die plastische Chirurgie gewaltige Fortschritte gemacht. In meiner Zeit als Bürgermeisterin fiel mir bei gesellschaftlichen Anlässen mit sehr wohlhabenden Frauen immer wieder auf, wie erstaunlich ähnlich sie sich alle sahen. Im ersten Moment konnte man sie obendrein mit ihren Töchtern verwechseln.

Wenn wir aber für unsere äußere Erscheinung verantwortlich sind, dann sind wir es erst recht für unseren inneren Rucksack. Deshalb, liebe Anna, freut es mich, dass ich in Gestalt dieses Vorworts zu deinen Lektionen über das Alter beitragen kann.

Aus eigener Erfahrung sage ich dir und allen, die uns lesen, dass das Alter eine wunderbare Zeit sein kann – frei, ohne Fesseln, ohne Vorgesetzte, mit der Möglichkeit, uns selbst zu organisieren und aus unserem Rucksack das Beste herauszuholen. Zu erzählen, zu vertiefen, Bleibendes zu schaffen.

Letzten Sommer batest du mich um dieses Vorwort, und ich machte mich sofort an die Arbeit. Dann schriebst du mir plötzlich, ich solle es sein lassen. Dir war etwas passiert. Später erfuhr ich, was es war. Du hattest den unermesslichen Verlust deines Lebenspartners erleiden müssen. Ich speicherte meinen Entwurf mit Fragezeichen, es stand für eine Leerstelle, mit der du, glaube ich, überhaupt nicht gerechnet hattest. Ja, das Alter ist die Zeit im Leben, in der wir glückliche Frauen sein können, doch es ist auch die Zeit, in der uns der tiefe Schmerz begegnen kann. Der Schmerz, den wir immer zu vermeiden suchen, der aber ohne Zweifel zum Leben gehört. Der Schmerz der unvermeidlichen Trennungen von denen, die wir lieben, und in gewisser Weise von uns selbst.

Wie gehen wir damit um? Dafür gibt es keine Rezepte, vielleicht nicht einmal Ratschläge.

Es steht uns noch Unbekanntes bevor, gegen das uns vielleicht nur das Glück hilft, das wir uns aufgebaut haben – unsere Kraft, all das Gute nicht ungenutzt zu lassen, das wir im Leben erfahren haben und nie vergessen wollen.

Juni 2021

Klarheit

Gedicht von Juana Castro (für Anna)

Traurig waren die Schatten der anbrechenden Nacht.
Im Licht der Karbidlampe teiltest du
die Suppe des Winters aus.
Damals kannte ich nicht das Leid
in deinen Händen, die dunkle Töpferin
und das Weinen der Brunnen.
Bis ich gestern plötzlich sah,
wie in den Straßen die starken Frauen
mit dir die Wände und den Boden
der Geschichte blank scheuerten.

Weiß von Kalk und Glanz
leuchteten alle Häuser.
Fenster, die Balkone, der Sturz und die Türen.
Wie viel Arbeit, Mutter, das endlose
Putzen nach der Kälte, das Reinemachen
nach den Feiern und die klare Sauberkeit,
wenn die Sommersonne meißelte.
Mütter auf Knien, Mütter
der Waschschüssel und des Besens,
der Geschäftigkeit und des Schaums in den Kammern.

Heute funkelt das Dorf, Mutter
des vermittelnden Wassers und des Weidelands.

Hohe Häuser aus Krempel und aus Licht,
Mai im Hof, Regenbogen aus Feuer,
die Blumentöpfe, das Grün und die Geranien,
der ohnmächtige Flieder, die Nelken;
Düfte von Thymian und Zitronenstrauch. Mutter
des Kalks und der Zeit, Dame,
die du die Felder des Hungers und der Heuschrecken
mit deiner
entflammten Sichel durchquerst,
der abendliche und glänzende Blick des Dornbuschs.
Das Feuer
der Göttin.

Eine Prise Humor kann nicht schaden

> *»Es sind nicht die Katastrophen, die Morde, die Todesfälle, die Krankheiten, die uns altern lassen und uns töten. Es ist die Art und Weise, wie die anderen Leute schauen und lachen und in den Bus einsteigen.«*
> Virginia Woolf

Dieses Zitat von Virginia Woolf fasst, glaube ich, den Geist dieses Buches perfekt zusammen. Ein Buch, das im Plauderton daherkommt, aber völlig ernst gemeint ist. In ihm leben unsere offensichtlichen und möglichen Widersprüche, die gnadenlose Wirklichkeit und die Gefühlsausbrüche, die das Leben im Alter kennzeichnen, freundschaftlich zusammen. Übrigens gilt das nicht nur für Frauen: Dieses Buch will dazu beitragen, das Leben aller freien Wesen besser zu machen. Ein jedes von ihnen fühle sich angesprochen.

Denn es ist nicht das Alter, das uns bedroht; es sind unsere Vorstellungen, unsere Verhaltensmuster und vor allem unsere innere Bereitschaft zur Unterordnung und Anpassung. Im Grunde geht es mir hier um die Menschenrechte im Alter und konkret um die Rechte der Frauen im Alter. Ich fasse sie in drei Prinzipien zusammen: Freiheit, Gerechtigkeit und Würde.

Diese *Ratschläge, die auch als Widerstandsvorschläge* betrachtet werden könnten, richten sich an eine Generation von Alten, die sich gewisse Freiheiten zum ersten Mal herausnimmt. Und speziell an alte Frauen, die, auch wenn ihre Lebenszeit abläuft, beharrlich und mit scharfem Blick den Alltag und die menschlichen Beziehungen analysieren; mit dem klaren Kopf derer, die viel erlebt haben und sich nichts mehr vormachen lassen.

Seit Langem schon beschäftige ich mich mit Fragen des weiblichen Altwerdens. Ich habe zu diesem Thema so viel gelesen, recherchiert und geschrieben, dass ich zu wissen glaube, worauf es ankommt, wenn wir im Alter wir selbst bleiben wollen. Einer der interessantesten Vorteile am Altwerden ist die Fähigkeit, Ereignisse und Situationen, denen wir begegnen, mit ruhigem Blick zu betrachten; und das trotz der apokalyptischen und deprimierenden Vorstellungen vom Alter, die in unseren Köpfen festsitzen. Sie sind eine Folge der negativen Klischees, die uns von klein auf eingetrichtert wurden und alte Frauen als in jeder Hinsicht unattraktive Geschöpfe erscheinen lassen.

Im Lauf der letzten Jahre habe ich eine Reihe von Büchern zu diversen Aspekten des weiblichen Alterns veröffentlicht. In *Los cambios en la vida de las mujeres. Temores, mitos y estrategias* (2005) habe ich über die Veränderungen im Leben nach den Wechseljahren geschrieben, in *Nuestra menopausia. Una versión no oficial* (2007) über die Menopause selbst, in *Ohne Regel(n). Erotik und Freiheit für Frauen nach der Regel* (2019) über Sexualität im Alter und in *Abuelas, madres, hijas. La transmisión sociocultural del arte de envejecer* (2005) über die Beziehungen zwischen den Generationen. In einem weiteren Buch – *Tan frescas. Las nuevas mujeres mayores del siglo XXI* (2013) – habe ich versucht, einzelne Themen des weiblichen Alterns in einer Gesamtschau zu analysieren.

Es sei darauf hingewiesen, dass es sich bei diesem Buch nun weder um eine theoretische Abhandlung noch um eine wissenschaftliche Arbeit handelt. Es soll Reflexion und Vergnügen bieten, zu einem Bündel kleiner Dinge, die uns in dieser Phase das Leben schwer oder im Gegenteil leichter machen können. Eine

Art Schlaglicht auf Alltagsmomente, die für uns so normal sind, dass wir sie für nichtig halten, die jedoch den Großteil der Diskriminierung und sozialen Ablehnung alter Menschen ausmachen.

Auch möchte ich bestimmte Verhaltensweisen oder Selbstverortungen sichtbar machen, mit denen wir die gesellschaftlichen Klischees über alte Frauen ungewollt verfestigen. Dieses Buch ist eine Hymne an die Freiheit und an die Frechheit; an ein komfortables und lebensfrohes Alter. Ich wünsche mir, dass wir elegant, entspannt und selbstsicher alt sind, frei von der geheuchelten Liebenswürdigkeit, mit der die Gesellschaft versucht, uns ins Abseits zu stellen. Auch wenn das Altsein, das wir uns wünschen, noch kein ganz klares Konzept ist, können wir eine Art Gerüst errichten, um von verschiedenen Ansätzen aus zu einer übergreifenden Idee zu gelangen. Mein Vorschlag ist: Arbeiten wir gemeinsam daran. Wir, die Betroffenen selbst, sollten den Wandel anstoßen, sowohl auf individueller als auch auf sozialer und ökologischer Ebene. Wir brauchen eine politische Agenda für das Alter, die uns Raum für ein freies, friedliches und selbstbestimmtes Leben bietet und die Möglichkeiten für Gemeinschaftlichkeit erweitert. Für ein Altsein ohne neue Normen und unerfüllbare Erwartungen, ohne Vorschriften, in denen wir uns gefangen fühlen. Wir wollen uns keinen modernen Foltermethoden und keinen Pflichten unterwerfen, sondern ein Leben ohne Zwänge führen. Jetzt oder nie. Niemand außer uns selbst wird dafür sorgen, dass wir uns im Alter wirklich entspannen können.

Die Psychologie als Wissenschaft hat sich lange weitgehend uninteressiert am wahren Leben alter Menschen gezeigt. Da es an neuen Theorien zu diesem Thema mangelt, wird weiterhin auf Modelle zurückgegriffen, die sich auf das Altsein in vergangenen Jahrhunderten bezogen. Es ist nicht leicht, realistische Beschreibungen über die Kräfte und die Grenzen zu finden, die das Leben alter Frauen in unserer Zeit prägen. Altsein heute ist sehr anders als noch vor 50 Jahren. Doch verfügen wir nur über wenige Erzählungen, die uns Einblick in die Vielfalt und Komplexität dieses Lebensabschnitts geben. Die gängigen Narrative sind schrecklich tendenziös, etwa das von den Wechseljahren als Weltuntergang, das Märchen vom »verwaisten Nest« oder das von der Sinnentleerung im »Ruhestand«. Hingegen finden wir so gut wie nichts über den konkreten Alltag und die Erfahrungswelten von Frauen, die heute 70, 80, 90 Jahre oder noch älter sind. Viele von uns blicken auf ein Leben voller Engagement zurück, beruflich, politisch und sozial, und wir bilden eine hochinteressante, sehr diverse Bevölkerungsgruppe.

Die meisten Arbeiten feministischer Denkerinnen über das Altern von Frauen sind entstanden, als wir selbst älter wurden und die neuen Lebenssituationen nach Antworten verlangten. Wir brauchen uns deshalb keine Vorwürfe zu machen: Schließlich nahm uns in den Jahrzehnten zuvor die Frage nach den produktiven und reproduktiven Rechten von Frauen ganz und gar in Anspruch. Die Themen, die früher die Sozialforschung zum Alter bestimmten – Depression, Menopause, Witwenschaft, »leeres Nest«, obendrein meist aus einem Blick, der die Frau nur in Abhängigkeit vom Mann sah –, scheinen mittlerweile einigermaßen abgehakt, und wir bemerken: Keines von ihnen spielt in unserem heutigen Leben eine große Rolle. Konzentrieren wir uns also auf die Fragen, die uns wirklich betreffen, benennen und analysieren wir sie: Finanzen, Gesundheit, Sexualität, Erlebnisvielfalt, Wohn- und Betreuungssituation und Altersdiskriminierung.

In den letzten Jahren haben sich feministische Gerontologinnen darangemacht, das weibliche Altwerden in all seinen Facetten zu erforschen. Aus ihrer kritischen Perspektive haben sie viele Annahmen der klassischen Altersforschung infrage gestellt. Während diese sich hauptsächlich mit der Pathologie, der dunklen Seite, befasste, heben die neuen Studien das Potenzial hervor, über das wir Frauen im Alter verfügen. Im Zentrum stehen das Leben und die Erfahrungswelten alter Frauen, mit Augenmerk darauf, wie enorm unterschiedlich sie auf allen Ebenen sein können. Ein Hauptanliegen dieser Arbeiten besteht darin, die Macht-Ungleichgewichte, die unsere Gesellschaft anhand von Geschlecht und Alter produziert, kenntlich und überwindbar zu machen. Dabei ist der Anspruch nicht, universelle Antworten zu geben, sondern die Vielfalt der Erfahrungen des Altwerdens je nach Umfeld und Situation zu zeigen. Entscheidend für diese Perspektive ist es, die Bedeutung des sozialen Umfelds anzuerkennen und genau zuzuhören, was und wie Frauen über ihr eigenes Leben erzählen.

Noch haben wir keine genaue und klar definierte Vorstellung davon, welche Tugenden oder Eigenschaften Menschen auszeichnen, die besonders zufrieden altern. Ebenso wenig wissen wir, welche Persönlichkeitsmerkmale und Lebensweisen eher zu einem beklommenen und grauen Alter führen. In der Gerontologie herrscht jedoch Einigkeit über einige Aspekte, die eine Rolle spielen: intellektuelle und kulturelle Neugier, körperliche und geistige Aktivität; die Frage, ob das eigene Leben als sinnerfüllt empfunden wird und von persönlichen Zielen geprägt ist; Optimismus und ein Gefühl der Dankbarkeit. Dies scheinen die wichtigsten Variablen zu sein, um ein interessantes Alter zu erleben und auch Krankheiten und Stress besser durchzustehen.

Seit einiger Zeit beobachte ich systematisch eine Reihe von Situationen, die in unserem Leben als Alte vorzukommen pflegen, und ich werde versuchen, sie knapp und klar und mit hinreichend Humor darzulegen, damit wir über uns selbst lachen können. Das ist nicht nur gesund, sondern hilft uns nebenbei auch, das Alter nicht zu dramatisch zu sehen. Da wir heute so erstaunlich lange leben, reizt es mich, ein paar Themen zu glossieren, anhand derer wir uns auf der blanken Landkarte in Richtung der 100 Jahre einigermaßen zurechtfinden können.

Die Patina des Alters umschwebt uns unentwegt. Wenn wir nicht aufpassen, legt sie sich über unsere Wohnung, unsere Kleidung, unser ganzes Dasein, sodass wir dann, in bestimmten als »typisch« wahrgenommenen Situationen und durch gewisse Haltungen, ein beklagenswertes Bild vom Alter abgeben. Wenn es uns gelingt, uns über diese Momente klar zu werden, können wir sie zum Lachen finden – und etwas anderes aus ihnen machen.

Wir alle haben beim Älterwerden zu spüren bekommen, wie sich mit den Lebensjahren wirtschaftliche und soziale Ungerechtigkeiten anhäufen. Doch wir wissen auch, dass wir in diesem Moment der Geschichte über eine ganze Reihe von Stärken verfügen, die es uns erlauben, ziemlich gut zu leben – sofern es uns gelingt, uns von einigen Vorgaben frei zu machen, wie das Altsein auszusehen habe, und es stattdessen nach unserem eigenen Geschmack zu gestalten.

Diesem Wunsch stehen jedoch viele Faktoren entgegen, die uns erheblich einschränken können: der Kontext, in dem wir leben, fehlende Gestaltungsmacht in persönlichen Beziehungen, die Unmöglichkeit, eigenständig zu handeln und zu entscheiden, materielle Armut – etc. Es ist an der Zeit, darüber nachzudenken, wie wir solche Hindernisse überwinden und selbstbewusst weiter am Leben teilhaben können. Mit Seufzern wie: »Ach nein, in meinem Alter ...« engen wir den physischen und mentalen Raum unserer Existenz unnötig ein.

Ich will hier keinen blinden Optimismus an den Tag legen. Ich behaupte nicht, das Alter sei eine Zeit ohne Widrigkeiten, in der nur Wohlgefühl und Vergnügen herrschten. Mir ist klar, dass das nicht stimmt, und darum geht es mir auch nicht. Ebenso wenig verfechte ich die Idee eines Alterns, bei dem so getan wird, als wäre es kein Altern – denn damit würden wir uns wieder nur einem kulturellen Druck unterwerfen. Wir wissen: Zu leben heißt auch, tiefen Schmerz durchzustehen, die Geburt garantiert den Tod, und das Sterben, einschließlich der letzten Jahre zuvor, kann sehr schwierig sein. Trotzdem weigere ich mich, das Alter trostlos zu sehen und den Blick ausschließlich auf die Verluste und Verschlechterungen zu richten, wie es die Pessimist*innen tun. Weder platter Optimismus noch pure Düsternis! Ich versuche, das Panorama, das vor uns liegt, auf entspannte Weise und durch ein buntes Kaleidoskop zu betrachten. Ich will dazu einladen, dass wir es uns so gut wie möglich gehen lassen, dass wir das Wenige und das Viele genießen, trotz des Repertoires an Zipperlein, die uns begleiten. Vor allem sollten wir uns die Neugier bewahren, die das Leben interessant macht und unser Bild von der Welt weiterhin aktuell hält. Ich bin für einen beherzten Blick auf unser Älterwerden.

Ich hoffe, dieses Buch kann ein nützliches Werkzeug sein, indem es die Komplexitäten des Alterns erkennt, benennt und in den Mittelpunkt stellt. Es bietet weder große Gewissheiten noch theoretische Exkurse, hoffentlich aber ein paar Geistesblitze, die dazu anregen, uns selbst zu charakteristischen Umständen und Situationen unseres heutigen Lebens zu befragen.

Vor allem will dieses Buch Alltagssituationen beleuchten, in denen gesellschaftliche Vorurteile gegen das Altsein fortgeschrieben werden. Es ruft zum Widerstand gegen die Kräfte auf, die uns aufs Abstellgleis schieben und uns unsere Erinnerungen und unsere eigenen Räume entreißen wollen. Eine kleine Sammlung von Divertimentos, Wahrheiten und gelegentlich Übertreibungen, die dazu einlädt, das scheinbar Unabänderliche infrage zu stellen. Schlaglichter, aus denen sich etwas oder vielleicht auch das Gegenteil davon folgern lässt, je nachdem. Wichtig ist, dass wir die kleinen oder großen Unannehmlichkeiten, die uns durch den Alltag begleiten, nicht zu tragisch nehmen – dass wir imstande sind, das Gute im Blick zu behalten und frei zu atmen.

Wenn wir unser Alter mit einem gewissen Maß an Eigenständigkeit leben wollen, müssen wir uns die Zeit nehmen, um die fälligen Entscheidungen für unseren Alltag selbst zu treffen. Hier kommt unsere Freiheit ins Spiel. Wir ergreifen die Initiative und fordern unser Recht auf Selbstbestimmung über unser körperliches, geistiges, sexuelles, spirituelles und emotionales Leben. Wir sind dem Schicksal nicht hilflos ausgeliefert. Wir feiern unser Bedürfnis nach einem sinnerfüllten Dasein, ohne uns Normen und Erwartungen aufzuerlegen, die uns bloß in die Erschöpfung und ins Unglück treiben würden.

In unserer Gesellschaft koexistieren zwei gegensätzliche Bilder von alten Frauen. Das eine: die greise Rentnerin, die nichts zur Gemeinschaft beiträgt und mit einem ganzen Strauß negativer Zuschreibungen belegt ist: geizig, redet immer dasselbe, Klotz am Bein, lahm, wehleidig, vergesslich, nutzlos. Das andere Bild: die vitale Alte, aktiv und engagiert und – ganz wichtig – von geradezu jugendlichem Erscheinungsbild (mit reichlich Leid und Geld erkauft); vergnügt, tolerant, flexibel, großzügig, mitfühlend, tatkräftig, kreativ, agil, klug, glamourös und lustig.

Doch wie immer bei Dichotomien, sind beide Extreme gleich unwirklich. Gegen das sture dualistische Denken gilt es, klarzustellen, dass es viele Formen des weiblichen Altseins gibt. Zudem verfügen wir Alten über allerhand Qualitäten, die wir mit den Jahren angesammelt haben, und einige davon können das gesellschaftliche Zusammenleben ziemlich erleichtern. Hervorheben will ich die Fähigkeit zur Dankbarkeit, die Großzügigkeit, die Ehrlichkeit, den Mut, die Kraft, um die Zumutungen des Lebens zu bewältigen, die Größe, zu verzeihen und anderen unsere Zuneigung zu zeigen, und auch die Wut: den weisen und notwendigen Zorn, den ich bewusst unter die Tugenden einreihe, denn er versetzt uns in die Lage, ungerechte Bedingungen und Behandlungen nicht tatenlos hinzunehmen.

Bisher fehlt es sogar an passenden Worten, um diesen neuen, langen Lebensabschnitt zu benennen – auf realistische Weise, also weder süßlich-verbrämend noch zwanghaft trübselig. Worte, um uns wirklich mit dem Kapitel im Lebenslauf zu identifizieren, in dem wir uns, gemeinsam mit sehr vielen anderen Menschen, befinden. Wir wollen nicht betagt genannt werden, uns missfällt die Bezeichnung *alte Frau*. *Ältere Erwachsene* ist keine Lösung, und *im Ruhestand* klingt nach Abstellgleis. Ich stelle fest, mir gefallen als Synonyme für *Alte* zunehmend Worte wie *Veteranin*, *Seniorin*, *Vorreiterin*; auch *Langlebige* oder sogar *Oldie*. Was meint ihr? Hier im Buch verwende ich hauptsächlich die Begriffe *Alte* und *alte Frauen*. Furchtbar, ich weiß. Aber alt zu sein ist doch ein Geschenk! Es bedeutet, dass ich viele Jahre gelebt habe, und da ist es doch klar, dass ich nicht jung bin. Es ist unmöglich, jung und alt zugleich zu sein, und diesen Spruch *Ich bin jung in einem alten Körper* finde ich albern. Versöhnen wir uns mit dem Wort *alt*, verwenden wir es entspannt und mit Humor. Nur so können wir dazu beitragen, sein Stigma zu beseitigen, und uns zu seiner Realität bekennen. Egal, wie viele Euphemismen wir auffahren – älterer Mensch, ältere erwachsene Person und Ähnliches –, an unserem Geburtsdatum ändert sich nichts. Übrigens heben auch Denkerinnen wie Toni Calasanti und Kathleen Slevin die guten Seiten des Wortes *alt* hervor, um seine soziale Negativität zu neutralisieren und seine Verwendung im Alltag zu normalisieren.

Das Alter ist Wirklichkeit, und es betrifft nicht nur die anderen. Lasst es uns gut und angenehm verbringen, und immer mit der nötigen Dosis Humor.

Wir Alten sind die Zukunft

Lange zu leben ist ein Geschenk, das uns die Göttinnen machen. Aus dieser Perspektive wird deutlich, dass es nicht zwangsläufig ein Problem ist, alt zu werden. Schlimm ist, wenn man es nicht kann. Wenn wir mittels diverser Tricks unser Alter verleugnen, fassen wir es als etwas Schlechtes, etwas Peinliches auf, das versteckt werden muss, anstatt es als einen Erfolg zu sehen, eine freundliche Gabe des Lebens, für die wir dankbar sein sollten.

Wir, die Nachkriegsgeneration, geboren zwischen 1946 und 1965, machen heute schon einen Großteil der Alten aus. Wir sind in einer Welt aufgewachsen, die sich deutlich von jener der vorigen Generationen unterscheidet. Wir sind in Zeiten massiver sozialer, politischer und kultureller Veränderungen erwachsen und alt geworden. Vor allem aber sind wir die ersten Alten nach der Revolution der Langlebigkeit.

Wir leben in einer Gesellschaft mit fest verankerten Hierarchien von Gender, Klasse, ethnischer Zuordnung und vor allem der Altersstufen. Sie bilden ein System der Ungleichheit, das junge Menschen auf Kosten der alten bevorzugt; die ihnen eingeräumten Vorteile und Vorrechte gelten als selbstverständlich (übrigens in fast allen Kulturen). Dennoch werden altersbezogene Machtverhältnisse in den meisten gerontologischen und soziologischen Studien übersehen oder unsichtbar gemacht. Diese Ignoranz spiegelt sich in der Sozialpolitik wider und hat damit drastische Folgen für den Alltag im Alter. Das wissen wir und sagen es auch ganz deutlich. Dennoch werden wir uns nicht als reine Opfer aufführen und darüber wehklagen, wie wir von einer Gesellschaft behandelt werden, die die Jugend vergöttert. Zumindest sollten wir das nicht tun, wenn wir ein positiv gestimmtes und sinnerfülltes Alter erleben wollen. Wenn wir in die Opferrolle schlüpfen, folgen wir auch wieder nur den sozialen Regeln, die uns eine *ewige Jugend* vorschreiben wollen. Wir unterwerfen uns allerhand körperlichen und seelischen Qualen, anstatt als freie, selbstbestimmte alte Frauen zu leben und unsere volle Kraft und Aufmerksamkeit darauf zu verwenden, unser Alter nach unserem eigenen Geschmack zu gestalten. Als Frauen, die mit dem Geschenk der Langlebigkeit gesegnet sind, als Wissens-Trägerinnen und Hüterinnen der Geheimnisse des Überlebens können wir uns selbst ganz elegant außerhalb des Bereichs verorten, der uns von der Gesellschaft zugewiesen wird. Allerdings verfügt nicht jede von uns über die Freiheit, um sich auszusuchen, wie sie im Alter leben möchte.

Neben all dem, was sich im Lauf des Lebens bei uns gewandelt hat, gibt es durchaus auch wichtige Kontinuitäten. Wir mögen in vielerlei Hinsicht anders geworden sein und bleiben doch die Gleichen wie vor Jahrzehnten. In Wirklichkeit unterscheiden sich ältere und jüngere Menschen gar nicht so sehr. Weil unsere Kultur jedoch der Frage des Alters eine derart übertriebene Bedeutung zuspricht, werden die Kontinuitäten verschleiert und lauter vermeintliche Unterschiede behauptet. Daher distanzieren wir uns vom Altsein und bilden uns ein, die Alten seien immer *die Anderen*, wir selbst gehörten nicht in diese Kategorie, denn *Ich fühle mich ja jung*. Als wären wir etwas Besonderes. Wir merken gar nicht, dass wir mit den Jahren von jungen Unterdrückerinnen zu unterdrückten Alten geworden sind, die aus Angst vor dem Alter alles tun, um jünger auszusehen. So versuchen wir, sowohl den gesellschaftlichen Druck als auch unser eigenes Gespür zum Schweigen zu bringen, die uns beide sagen:

Jung seid ihr nicht mehr. Wir versuchen, das Erwachsenenalter in unmögliche Länge zu ziehen und als Alte immer noch in den mittleren Jahren zu sein. Wir sagen Dummheiten wie: *Ich bin im Herzen jung*; *Ich bin älter, aber nicht alt*; *Ich bin 75, aber ich fühle mich wie 20*; und all diese Phrasen, die von dem Drang zeugen, unser Alter um jeden Preis zu verleugnen, zu vertuschen, zu verdrängen. Statt *Ich fühle mich jung*, könnten wir auch *Ich fühle mich gut* sagen – und damit zu verstehen geben, dass man sich zu seinem Alter bekennen kann und trotzdem nicht völlig hinüber sein muss. Wenn du mit *Ich fühle mich gut* sagen willst, dir nicht nutzlos, gebrechlich, kränklich, schauderhaft vorzukommen, dann hast du alles Recht dazu. Wenn wir hingegen unser Alter verleugnen, wirkt es, als wollten wir zeigen, dass wir ein Wunder der Natur sind – weil wir es angeblich geschafft haben, dem Alterungsprozess zu entrinnen –, oder vielmehr: als wollten wir der Wirklichkeit partout nicht ins Auge sehen. Es bleibt die Frage, warum wir das Altwerden mit negativen Begriffen verknüpfen, anstatt zum Beispiel mit Produktivität, Weisheit, Kompetenz, Großzügigkeit, Freundlichkeit und Esprit? Ändern wir unsere Einstellung, das macht uns glücklicher.

Zum Glücksgefühl ist übrigens zu sagen, dass es laut Altersforschung ab 50 Jahren gemeinhin steigt. Entsprechend sind wir mit 80 meist viel zufriedener als mit 18, was sicher kein Wunder ist. Wir sollten solche Erkenntnisse nicht außer Acht lassen, besonders in einer Gesellschaft, die die Jugend fetischisiert und die Menopause als den Auftakt eines unaufhaltsamen Niedergangs verunglimpft. Es ist doch klar, dass das Glück nicht in den Genen steckt und dass uns bei der Geburt keine Gebrauchsanweisung für die Welt mitgegeben wird. Viel hängt davon ab, wie gut wir uns von der dunklen Seite fernhalten und uns einen Alltag aufbauen können, der unserem Leben Sinn verleiht. Jede von uns auf ihre Weise.

In der hartnäckigen Verleugnung des Alters liegt der Kern der Altersdiskriminierung in unserer Kultur, und daher erscheint es fast unmöglich, das ihr zugrunde liegende Machtgefüge zu verändern. Die Illusion, wir seien einzigartig, lässt die negativen Altersstereotype nicht verschwinden, sondern verfestigt sie bloß – und mit ihnen die Unterdrückung des Alters durch die Jugend. Auf die Weise können wir die Welt für die Frauen nicht größer machen, und sie werden sich wie gehabt davor fürchten, im Alter nichts mehr wert zu sein. Solche Denkmuster lassen uns mit den Jahren immer mutloser werden, bis wir gar nichts Positives mehr am Alter erkennen und ihm um jeden Preis auszuweichen versuchen. Erst wenn es uns gelingt, das Altsein gemeinsam neu zu definieren und zu zeigen, dass es sehr wohl möglich ist, in einem alten Körper würdig und respektiert zu leben, in natürlicher Schönheit und ohne Qual: Erst dann wird der gesellschaftliche Diskurs, der uns bisher erniedrigt und missachtet, uns stattdessen wertschätzen. Wir müssen unsere Ängste und Vorstellungen hinsichtlich des Altwerdens kennen und abbauen, um unser Alter in Frieden zu leben. Das ist nicht einfach, aber es ist notwendig.

Die destruktive Vorstellung vom Alter – wir seien eine Last, untätig, krank, hässlich, alle gleich und nutzlos für die Gesellschaft – zersetzt unser Selbstbewusstsein und hindert uns daran, unser Leben im Alter zu genießen. Solange uns der Gedanke nicht loslässt, dass wir lieber zwanzig oder dreißig Jahre jünger wären, leben wir die Zeit, die wir mit 70, 80, 90 Jahren und darüber hinaus noch haben, im Grunde gar nicht.

Gesellschaftlich verankerte Vorurteile bestimmen, wie wir behandelt werden und welche Aufmerksamkeit man uns entgegenbringt. Sie wirken sich auch auf die Altersforschung und auf politische Maßnahmen aus. Solange wir glauben, wir müssten das Alter vertuschen und verdrängen, werden wir es bloß als ein langjähriges Unglück empfinden. Dabei können wir es ebenso gut als Chance begreifen, um ein eigenes Projekt zu vollenden, das ganz anders ist als unsere vorigen und mit ganz neuen

Freiheiten für uns einhergeht. Ehrlich und wahrhaftig mit uns selbst zu sein, bedeutet anzuerkennen, wer wir sind, wie viel Vergangenheit wir schon haben, ohne uns dafür gering zu schätzen. Wenn wir wollen, dass die Gesellschaft uns respektiert, müssen wir uns zuerst selbst respektieren.

Trotz tief greifender Veränderungen in den letzten Jahrzehnten, die die Abschaffung negativer Klischees hätten befördern können, bleiben diese erstaunlicherweise weiter in vollem Umfang in Kraft. Schauen wir sie uns an. Tatsache ist zum Beispiel, dass sich der Gesundheitszustand alter Menschen in dieser Zeitspanne deutlich verbessert hat. Dennoch wird Alter immer noch mit Krankheit gleichgesetzt. Dass dieses Vorurteil nicht verschwindet, liegt nicht zuletzt daran, dass die Anti-Aging-Industrie damit gigantische Geschäfte macht. Für all ihre Cremes, Injektionen, Pillen und kosmetischen Operationen ist das Schreckensbild vom Alter die beste Verkaufsstrategie. Eine Perversität, die nicht nachlässt.

Auch im Arbeitsleben hält sich hartnäckig die Vorstellung, die Alten seien weniger leistungsfähig und täten sich mit neuen Technologien schwerer als die Jungen. Dabei belegen Studien längst, dass ältere Berufstätige mindestens ebenso produktiv sind wie die jüngeren und dass ihre vermeintliche Scheu vor technologischen Neuerungen ein Mythos ist.

Jede von uns sollte versuchen, Altersdiskriminierung zu bekämpfen, indem wir uns einer Konsumkultur verweigern, die uns weismachen will, wir müssten, sobald auf unseren Körpern Anzeichen des Alters sichtbar werden, alle möglichen Qualen auf uns nehmen, um diese zu verbergen. Stattdessen sollten wir die Vorteile betonen, die sich uns nun bieten: Wir sind in vielen Bereichen kompetenter, unser Selbstwertgefühl und Selbstbewusstsein sind gewachsen, unser emotionales Gleichgewicht ist stabiler und unsere Fähigkeit, Konflikte zu lösen, hat sich verbessert. Unsere Resilienz ist größer denn je. Und in jedem Fall wird es uns besser gehen, wenn wir unseren Sinn für Humor gut pflegen, damit wir gemeinsam auch über Unannehmlichkeiten und Einschränkungen des Alters lachen können.

Die Beharrlichkeit der negativen Stereotype hängt auch damit zusammen, dass die älteren Bevölkerungsteile sich bisher nicht als Lobby organisieren, so, wie es andere marginalisierte Gruppen – Frauen, People of Color, LGBTQ+ – längst getan haben. Sie konnten sich durch ihre Protestbewegungen größere gesellschaftliche Akzeptanz und vor allem Anerkennung ihrer Rechte verschaffen. Wenn wir als Alte die herrschenden Vorstellungen verändern wollen, sollten wir, anstatt schicksalsergeben unsere Stigmatisierung hinzunehmen, zum Widerstand als Gruppe übergehen. Uns selbstbewusst als Kollektiv zu identifizieren, ist der erste Schritt: So können wir die alltäglichen Missstände sichtbar machen und, ähnlich wie andere benachteiligte Gruppen, Strategien entwickeln, um für unsere Rechte zu kämpfen. Wir müssen Wege finden, um alte Menschen für eine Protestbewegung zu gewinnen. Vergessen wir nicht, dass wir viele sind – und stimmberechtigt!

Die Zuschreibung *alte Frau* ist bisher flüssig, unstet, und sie wird uns weit mehr von außen angeheftet, als dass sie aus uns selbst käme, zumindest solange wir uns gut in Form fühlen und einfach so weitermachen wollen. Die uns überall umgebende Verleugnung des Alters zu überwinden und *stolze Alte* zu werden, setzt voraus, dass wir das Wort *alt* nach unseren eigenen Kategorien umdefinieren, es uns zu eigen machen, sodass es unsere komplexen Identitäten erfasst, all die Schwierigkeiten und Erfolge, die so unterschiedlichen und vielfältigen Wege, die uns als alte Frauen des 21. Jahrhunderts ausmachen. Eine kollektive Anstrengung ist nötig, um einen Diskurs zu stiften, mit dem eine große Mehrheit von uns sich identifizieren kann, und nicht nur ein paar Privilegierte. Ein Diskurs, in dem wir uns nicht als Opfer eines unabwendbaren Schicksals sehen, sondern als aktiv

Mitwirkende auf dem Weg in eine neue Alltäglichkeit, die wir selbst gestalten, jede für sich und alle zusammen. So werden wir zu einer Bewegung alter Frauen, die mental, emotional und ethisch eigenständig über ihr Leben, ihre Finanzen, über ihre Wohnsituation entscheiden.

Alt zu sein muss man erst einmal lernen. Das ist heutzutage ein langer Prozess der Gewöhnung daran, dass wir als gesellschaftlich irrelevant gelten. Ich beschreibe diesen Abschnitt, den uns das Leben schenkt, gerne mit Begriffen der Würde, des Respekts und der Menschenrechte: gleichermaßen im Hinblick auf uns selbst wie auf die Art, wie andere uns begegnen sollten. Doch das müssen wir energisch einfordern, und dafür müssen wir uns im Klaren sein, was wir selbst unter einem würdigen und respektierten Alter verstehen, sodass wir entsprechend handeln können. Wenn wir wollen, dass die jüngeren Generationen beim Altwerden gute Vorbilder haben, ist es an uns, neue Maßstäbe zu setzen. Auf der Grundlage unserer Erfahrungen, Wünsche und Bedürfnisse sollten wir in vielfältiger Weise vorleben, wie sich das Alter stolz, selbstbewusst und unverzagt gestalten lässt. Wir sollten keine ewige Jugend vortäuschen, wenn wir wollen, dass junge Frauen von heute eine Palette guter Modelle für ihr Alter zur Auswahl haben. Um glanzvoll alt zu werden, müssen wir uns selbst die nötigen Freiräume schaffen, brauchen wir die Unterstützung und Solidarität anderer kraftvoller Frauen und den Willen, uns erreichbare, aber Schritt für Schritt größere Ziele zu setzen.

Seit einigen Jahren wird exzessiv für das sogenannte *aktive Alter* geworben, immer nach dem Motto: Solange ihr *aktiv* seid, seid ihr nicht alt. Damit wird eine bestimmte Form der Produktivität zur Voraussetzung für Glück im Alter erklärt und zum Weg, um dem unausweichlichen Verfall, der Gebrechlichkeit und Pflegebedürftigkeit doch noch irgendwie zu entgehen. Das *aktive Alter* soll uns trotz unserer Jahre zu interessanten Menschen machen. Allerdings wirken die entsprechenden Ratschläge eher auf Frauen in mittleren Jahren zugeschnitten, die wohlhabend und bei guter Gesundheit sind und über reichlich Freizeit verfügen. Sie werden so freudig aufgegriffen, als seien sie wirklich der Trick für ewige Jugend und Vitalität, dabei gehen sie weit an den Komplexitäten und Uneindeutigkeiten vorbei, die den letzten Abschnitt unseres Lebens prägen. Die Anti-Aging-Kultur durchdringt unsere Sprache, unser Denken und unsere Lebenseinstellung. Sie bestimmt, wie wir uns kleiden und wie wir uns fühlen, sie ist allgegenwärtig in unserer Gesellschaft und damit auch in allen Bereichen der Gerontologie. Das geht so weit, dass viele Altersforscher*innen diese Postulate bei ihrer Arbeit unhinterfragt übernehmen. Zugleich fassen sie die alten Menschen als ein *totum revolutum* auf – als seien wir eh alle gleich, egal, ob wir 60 oder 90 sind. Dabei werden wir Menschen im Lauf der Jahre immer verschiedener. Doch der Blick auf die individuellen Unterschiede, die uns zu lauter unverwechselbaren Alten machen, ist weitgehend verstellt.

Jede von uns hat ihre eigene Identität, wir sind weder austauschbar, noch werden wir in Serie produziert. Jede hat ihre Biografie, ihre ganz persönliche Geschichte. Sicher, wenn wir alt sind, wissen wir, dass wir die längste Strecke im Leben bereits zurückgelegt haben. Aus diesem Wissen entsteht zwischen uns eine gewisse Nähe, aber wir werden dadurch nicht einheitlich, auch wenn die Gesellschaft das gerne glauben möchte. Natürlich ist die Annahme, alle alten Menschen seien gleich, und damit seien auch unsere Bedürfnisse identisch, viel bequemer, als sich mit unseren Eigenheiten zu beschäftigen. Uns über einen Kamm zu scheren, ist das größte Unrecht, das die Gesellschaft den Alten antut: der Kern der Missachtung und der unterschwelligen Misshandlung.

Der Appell, es uns im Alter gut gehen zu lassen, kann zu Stress führen, wenn wir feststellen, dass sich dieses Anliegen unserem

Einfluss entzieht. Solange die entsprechenden Tipps nicht damit einhergehen, die sozialen Machtverhältnisse infrage zu stellen, die alte Menschen verunglimpfen, entwerten und ausgrenzen, beseitigen sie die Altersdiskriminierung nicht, sondern verstärken sie eher. Was uns unter dem Stichwort *gutes Alter* vorgegaukelt wird, ist ein *Quasi-nicht-Altern*, das wir angeblich erreichen können, wenn wir die richtigen Entscheidungen treffen und uns hinreichend bemühen, sie umzusetzen. Und das Mantra lautet, um nicht zu altern, muss der Körper weiter jung wirken; sonst werden wir unsichtbar. Dieser Fokus auf das individuelle Verhalten macht das Altern zur Moralfrage: Der einzelne Mensch soll für seinen Erfolg oder sein Scheitern verantwortlich sein, und wenn er das Ziel nicht erreicht, ist er selbst schuld.

Ganz falsch. Um die Altersdiskriminierung zu bekämpfen, müssen wir unsere Vielfalt wertschätzen und das Altsein als einen eigenen und bedeutungsvollen Lebensabschnitt anerkennen.

Den gängigen Theorien zufolge ist fit zu bleiben oder zumindest so auszusehen ein wichtiges soziales Kapital, das uns eine privilegierte Position in der Welt verschafft. Dem Aktivitätsdiktat gehorchend, zeigen wir uns fleißig, engagiert, vielbeschäftigt, und reiben allen, die sich für unser Leben in Rente interessieren, unter die Nase, dass wir tausend Dinge zu erledigen haben. Sobald wir das nicht mehr tun, wird es uns als moralische Schwäche ausgelegt, als Versagen am Projekt *ewige Jugend*.

Die Idee, dynamisch zu bleiben, ist zu einem Imperativ geworden, geeignet, uns daran zu hindern, ein ruhiges, bequemes und besinnliches Leben zu führen – eine nach innen gerichtete Existenz. Wir können nicht ewig in den mittleren Jahren bleiben. Was soll also falsch daran sein, wenn wir nicht so tun wollen oder können, als wären wir noch jung, und eine andere, unserem Alter entsprechende Lebensweise vorziehen? Wenn wir Aktivität und Unabhängigkeit im Alter als etwas Unabdingbares propagieren, merken wir nicht, wie wir andere alte Menschen ausgrenzen, die damit Schwierigkeiten haben oder Hilfe brauchen. Und wir stigmatisieren auch diejenigen, die schlicht keine Lust haben, diese Erwartungen zu erfüllen.

Gerade in Abgrenzung zu den Zuschreibungen, mit denen wir dauernd bedrängt werden, können wir gut definieren, was wir uns unter einem entspannten und harmonischen Altwerden vorstellen. Dabei ist der Wunsch, bequem und ruhig zu leben, im Zweifel wichtiger als die anstrengende vermeintliche Zauberformel vom *aktiven Alter. Eine Kultur des Seins, nicht des Machens* – das scheint mir ein gutes Programm für ein Alter in Respekt und Würde. Es bietet auch den geeigneten Spielraum für Arbeit und Engagement: nämlich da, wo wir wirklich aus eigenem Antrieb und zu unserem eigenen Wohl aktiv sind.

Wir werden alt, das heißt, wir treten in eine Zeit ein, in der wir die Stimme wiederfinden, die wir verloren haben, weil das vorherrschende Ideal von Weiblichkeit uns lächelnd, freundlich und stumm will. Nun ist die Zeit gekommen, in der wir uns als scharfsinnige und realistische alte Damen zeigen können, die das Alter als eine Gabe auffassen und mit ihrer eigenen Stimme sprechen; in einer Sprache, die uns repräsentiert, uns ermächtigt und es uns ermöglicht, die nötigen Strategien zu entwickeln, um unsere Anliegen und Sorgen in die Öffentlichkeit zu tragen.

Lasst uns das Alter zu einer politischen Frage machen. Und geben wir darauf systematisch die Antwort: Vielfalt!

Vorschläge

› Verstecke dein Alter nicht. Nenne es mit Stolz. Du weißt, die Langlebigkeit ist ein Geschenk, eine Errungenschaft, und keine Katastrophe. Traurig ist es, auf dem Weg dahin abzutreten.

› Wir können uns ohne Scheu alte Frauen, Seniorinnen, Veteraninnen, Oldies oder Alte nennen. Genau das sind wir schließlich.

› Wir wollen nicht unerhört jung geblieben sein, sondern würdevoll unser Alter anerkennen. Es war schließlich nicht leicht, es zu erreichen.

› Prahle nicht damit, wie viel du zu tun hast, seit du in Rente bist. Dass du noch lebst, sehen wir auch so.

› Bitte nicht um Erlaubnis für deine Existenz. Achte dich selbst. Erkenne und wertschätze dein Wissen.

› Sei freundlich, dankbar und höflich, aber übertreib es nicht.

› Ebenso wie wir gelernt haben, jede Situation unseres Lebens durch die lila Feminismus-Brille zu betrachten, können wir uns nun die graue Brille aufsetzen, um die zig Erscheinungsformen von Altersdiskriminierung im Alltag in den Blick zu nehmen. Lernen wir, sie zu erkennen, wagen wir, sie zu benennen und öffentlich darüber zu schimpfen. Halte dich nicht zurück.

› Kenne deine Rechte und fordere sie ein: bestimmt und freundlich, aber ohne nachzugeben.

› Altsein ist cool.

Gemütlich und glamourös

Die Erfahrung des Alterns ist ganz wesentlich mit dem Körper verbunden: Er verwandelt sich in eine merkwürdige Visitenkarte, und während diese im Laufe der Jahre immer deutlicher sichtbar wird, werden wir innerhalb der Gesellschaft immer unsichtbarer. Unser alternder Körper wird zu einer Art »sozialem Text«, über den andere ihre Meinung äußern können – *Die hat schon ihre paar Jährchen auf'm Buckel* –, weil er Informationen gibt, die für uns selbst und andere lesbar sind. Der sichtbare Körper verwandelt sich in einen Indikator, anhand dessen wir bewertet und behandelt werden (zu unserer Überraschung oder auch Empörung überlässt man uns den Sitz im Bus), auch wenn wir uns immer jünger fühlen, als uns die anderen sehen. In dieser Verschiebung zwischen Außenwahrnehmung und Selbstgefühl liegt durchaus ein Problem.

Das Aussehen der Frau ist traditionell die Quelle ihres sozialen Kapitals – besonders in Zeiten, in denen angenommen wurde, es sei der einzige persönliche Wert, mit dem wir einen reichen Mann erobern könnten, um wie eine Königin zu leben. Und auch noch im 21. Jahrhundert beschäftigt uns unser Erscheinungsbild sehr, selbst wenn wir für unser Auskommen längst nicht mehr auf eine gute Partie angewiesen sind. Trotz der großartigen Errungenschaften des Feminismus in Sachen Selbstbestimmung über unsere Körper haben Frauen aller Altersgruppen noch eine wichtige Aufgabe zu bewältigen: die

Aussöhnung mit den Veränderungen, die unser Körper in jeder Lebensphase durchmacht.

Im Alter schleppen wir ein Bündel von Lektionen mit uns herum, die uns in unterschiedlichen Zusammenhängen im Lauf der Jahre aufgedrängt worden sind und uns eine genaue, strikte Vorstellung davon vermitteln, wie wir zu sein haben, wenn wir nicht mehr jung sind. In unserer Kultur handelt es sich dabei um wenig ermutigende Botschaften; etwa die des französischen Schriftstellers Yann Moix (übrigens nicht gerade ein Augenschmaus), der behauptet, Frauen ab 50 seien zu alt, um geliebt zu werden. Bei solchen Männern überrascht es nicht, dass Frauen, deren körperliches Selbstbewusstsein auf den männlichen Blick angewiesen ist – weil sie ihrem eigenen Blick nicht trauen –, ständig mit ihrem Körper hadern. Einem Körper, der sich angeblich mit der Menopause in etwas Unbrauchbares, Unerwünschtes, Unsichtbares verwandelt. Und je älter, desto schlimmer. Sodass wir uns, wenn zu unserer Enttäuschung und Empörung unsere Physis ihren Weg geht, allerhand Maskierungs-Ritualen unterwerfen, unfähig, unser sich veränderndes Äußeres zu akzeptieren. Wir fühlen uns schuldig, weil wir die Schönheitskriterien, die wir verinnerlicht haben, nicht erfüllen; dabei sind sie mit völlig irrealen Erwartungen verbunden, die uns nur demoralisieren können.

Unsere Gesellschaft kennt bloß ein einziges Modell weiblicher Schönheit, und das endet, großzügig berechnet, im Alter von 40 Jahren. Kein Wunder also, dass wir uns über die Veränderungen unseres Körpers ärgern und uns nicht wohl in unserer Haut fühlen – als Gefangene eines Organismus, der uns mit Wut und Scham erfüllt und verbittert. Im Alter achten wir genauso ängstlich wie als junge Mädchen darauf, wie die Gesellschaft unseren Körper bewertet, und wir sind untröstlich, dass wir keine bewundernden Blicke mehr auf uns ziehen. Solange wir uns mit dem Körper, der unserem Alter entspricht, nicht wohlfühlen, geschweige denn stolz auf ihn sind, werden wir uns immer vom

Schicksal bestraft vorkommen. Lasst uns als 50-Jährige den Körper von 50-Jährigen haben, als 70-Jährige den von 70-Jährigen und als 90-Jährige den von 90-Jährigen. Alles andere ist Pornografie und Tortur. Wenn wir uns selbst nicht zu unserem Körper bekennen und unser Alter nicht respektieren, wie sollen wir erwarten, dass andere es tun?

Unser Körper ist wichtig – für uns persönlich, aber auch aus moralischer und sozialer Perspektive. In jedem Lebensabschnitt können wir ihn so akzeptieren, wie er sich gerade entwickelt, oder aber ihn ablehnen, verleugnen, bekämpfen, beklagen. Wir schämen uns für ihn und seine Kurven und vor allem dafür, dass wir ihn nicht konsequent den »disziplinarischen Praktiken« unterworfen, uns nicht den gesellschaftlichen Anforderungen an weibliche Schönheit gemäß verhalten haben. All diese Prozeduren – Haare färben, Diät, Fitness, Kosmetik, Klamotten, Frisur, plastische Chirurgie – bringen uns nur Hunger, Traurigkeit und ein mieses Selbstwertgefühl. Vor allem aber signalisieren sie der Gesellschaft, dass wir uns im Krieg befinden gegen die Anzeichen des Alters, die uns befallen, obwohl wir doch noch jung sind. Zudem täuschen die Maßnahmen uns über unser tatsächliches Aussehen hinweg und lassen uns die Wahrheit wie einen entsetzlichen Abgrund fürchten: Was, wenn die Maske plötzlich wegrutscht? Da brauchen wir schon unsere tägliche Dosis Lorazepam. Dabei könnten wir so glücklich sein, wenn wir uns einfach als Gemeinschaft der stolzen alten Frauen begreifen würden.

Die mühseligen Prozeduren, die wir uns auferlegen, zeigen nur, wie sehr wir uns dem rigorosen gesellschaftlichen Kanon von Schönheit als unerfüllbare Aufgabe (*für immer jung und schlank*) anpassen, und bezeugen nicht etwa unsere Entscheidungsfreiheit oder Urteilskraft. Deshalb immer wieder die innere Verwirrung, ob wir solche Dinge für unsere Gesundheit tun oder in Wahrheit doch, um unser Alter zu vertuschen – was wir nach außen hin natürlich abstreiten. Wenn wir mit diesem Denken alt werden, erleben wir unseren Körper als moralisches Fiasko. Nie können wir jung, schön, schlank und gesund genug sein, es hapert an allen Ecken und Enden. Ein großartiger Plan … Die Veränderungen unseres Körpers werden sich zunehmend bemerkbar machen, egal, wie viel Grüntee wir trinken oder wie viele Pilates-, Yoga-, Tai-Chi- und Meditationsstunden wir auf dem Buckel haben.

Anti-Aging-Produkte stehen für eine Art, den alternden Körper als Fall für die Medizin abzustempeln, auf der Suche nach einer Wunderpille, die Geburts- und Verfallsdaten wirkungslos macht. Und darüber lastet die Überzeugung, Alter sei gleichbedeutend mit Krankheit und Hässlichkeit. Ein quälendes Stigma. In unserer Kultur eine Frau und alt zu sein, heißt körperästhetisch immer auf der falschen Seite zu stehen. Der gealterte Körper ist der Hauptschauplatz für soziale Ausgrenzung in unserer Gesellschaft. Wenn die Schönheit unser Kapital ist und sich allein in Verbindung mit Jugend entfalten kann, wie sollen wir dann beim Älterwerden noch wissen, wer wir sind oder wer wir werden möchten? Wir geraten in einen bösartigen Strudel und versuchen darin unsere Identität zu bewahren, indem wir uns Eingriffen unterziehen, die einer Maskerade gleichen, und indem wir unser Äußeres so zu manipulieren versuchen, dass es möglichst lange noch unserem Bild von unserem jugendlichen Selbst entspricht.

Wir verwenden Anti-Aging-Kosmetika, weil wir einen irrationalen Abscheu gegen Alterserscheinungen empfinden. Graue Haare, Runzeln oder schlaffe Haut werten wir als Zeichen des persönlichen Scheiterns, eines Kontrollverlusts über den eigenen Körper, der in unserer Gesellschaft verpönt ist. Wir fallen einem kulturellen Diktat zum Opfer, das uns abverlangt, in jedem Alter kerngesund und attraktiv zu bleiben. Das ist pervers, denn die Spuren, die der Lauf der Zeit auf unserem Körper hinterlässt, entziehen sich per se unserer Kontrolle.

Aus dieser Perspektive scheint es sehr schwierig, stolz auf unser Alter zu sein. Es ist auch tatsächlich eine der größten Herausforderungen, vor denen wir stehen, wenn wir ein zufriedenes und angenehmes Alter leben wollen. Dabei wäre es so wundervoll, auf ganz natürliche Weise alt zu werden und dabei einfach uns selbst treu zu bleiben. Nicht sagen zu müssen: *Wer ist denn die Frau da im Spiegel?*

Um dahin zu gelangen, müssen wir Strategien des Widerstands entwickeln und uns einen Schutzschirm zulegen, damit all die negativen Stereotype, die die heutige Gesellschaft für uns bereithält, nicht mehr auf uns einprasseln. Solange wir behandelt werden, als seien wir nur Körper, sollten wir, um die Ausgrenzung und Diskriminierung, die wir erfahren, zurückzudrängen, »mit trotzigem Stolz leben«, wie es Martha Holstein formuliert. Wir wissen, wir sind viel mehr als das, was unsere Anatomie einer alten Frau erkennen lässt. Doch es ist nicht leicht, dies selbstbewusst und würdevoll zu vertreten und unseren Körper so zu zeigen, wie er ist – in seiner sich wandelnden Schönheit. Dafür ist ein gleichermaßen persönlicher wie gesellschaftlicher Prozess der Bewusstwerdung nötig. Denn bisher verfügen wir nur über wenige Bilder von alten Frauen, die so sind, wie wir selbst gerne sein möchten. Aktiver sozialer Widerstand ist immer schwierig, erfordert eine hohe Dosis an Entschlossenheit und Mut. Uns gegen die gängigen Praktiken der Maskierung aufzulehnen heißt, uns gegen die in der Gesellschaft tief verankerte Überzeugung zu stellen, dass das Alter hässlich sei (graue Haare als Zeichen der Nachlässigkeit; Falten als etwas, das es zu überdecken oder zu entfernen gilt). Wie viel Akzeptanz für das Alter können wir erreichen, wenn wir uns einfach weigern, wie lächerliche, aus der Zeit gefallene Barbies auszusehen?

Es scheint mir wesentlich, dass wir unser Alter als Teil unserer Identität begreifen, es annehmen, es uns zu eigen machen, es nicht verleugnen. Gelingt uns das, so erkennen wir zunächst die Kontinuität unseres Gesichts, auf dem die Jahre ihre Spuren hinterlassen, und können dann diese Spuren auch auf unserem Körper akzeptieren. Wenn wir alten Frauen uns gegenseitig zustimmend und wohlwollend anschauen, machen wir einander sichtbar. Hingegen können wir die gesellschaftliche Unsichtbarkeit des Alters nicht bekämpfen, indem wir versuchen, als Ausnahmen zu erscheinen – das verändert nichts, das verfestigt bloß die Diskriminierung.

Von wem wollen wir gesehen werden? Wie wollen wir gesehen werden? Und warum? Wenn unser Anliegen ist, als sexuelle Wesen wahrgenommen zu werden, haben wir eher schlechte Karten, denn Männer sind ja weitgehend blind für das Sinnliche. Wenn wir aber wollen, dass die Gesellschaft uns als interessante, schillernde Personen sieht, die sich wohlfühlen in ihrer Haut, dass die Jüngeren die Kontinuität zwischen den Lebensphasen erkennen und dass wir in jedem Alter wertvoll sind: Dann dürfen wir uns nicht verkleiden und zu grotesken Figuren machen lassen.

Was mich in diesem Zusammenhang beunruhigt, ist eine bestimmte Tendenz bei der Darstellung alter Frauen in den Medien und sozialen Netzwerken. Da wird versucht, dem üblichen deprimierenden Bild vom Alter eine betont grelle und extravagante Ästhetik entgegenzusetzen. Und ich fürchte, diese Überzeichnung bricht letztlich nicht mit den Klischees, sondern vertieft sie sogar. Was sie zeigt, sind ja ganz offensichtlich keine Normalfälle, es sind Ausnahmen, die obendrein einiges an Geld, Kunstfertigkeit, Stilsicherheit, Zeit und Hingabe beanspruchen – und damit für die meisten alten Frauen unrealistisch. Die exzentrische Kleidung setzt keine neuen Standards, sie betont nur einen Abstand zur universellen Norm des grauen und trüben Alters. Dass das Alter an sich grau sei, wird damit am Ende bloß bekräftigt.

Mir missfallen diese Bilder – und damit auch die, die mir manche Frauen schicken, weil sie von meinem Interesse am Altern wissen und denken, wir seien auf einer Wellenlänge. Wenn sich alte Menschen wie junge gebärden, ist das eben kein Aufbegehren gegen Mechanismen der Altersdiskriminierung, sondern deren Bestätigung. Wir wollen keine verschrobenen Alten sein, die sich als coole Mädchen verkleiden. Wir wollen Alte sein, die in Behaglichkeit und Freiheit leben.

Gegen eine Ästhetik der wie für eine Zirkusnummer aufgebrezelten alten Frauen und Männer, die weder herrschende Vorstellungen verändert noch Klischees abbaut, verfechte ich das Natürliche, das Bequeme, das Schöne ohne Grellheit, das Einfache und Gemütliche. Es setzt bei den Möglichkeiten an, die jede Frau wirklich hat, und deswegen kann es eine echte Kraft des Wandels entfalten. Alles, was wir dafür brauchen, ist eine hinreichend große Menge alter Menschen, die sich, bequem und nach eigenem Gusto gekleidet, selbstsicher in der Welt bewegen.

Alt zu werden, *wie wir es möchten*, heißt nicht, so zu tun, als wären wir jung. Es heißt, in Würde alt zu werden, egal ob kerzengerade oder krumm wie ein Haken. Es heißt, wir selbst zu sein, uns harmonisch und ungezwungen zu kleiden, nach unserem Geschmack elegant, mit der Bewegungsfreiheit, die wir brauchen – oder auch der Freiheit des Humpelns. Als Alte, die ausstrahlen: *Ich quäle mich nicht, ich habe meine Selbstachtung nicht verloren, ich mag mich so, wie ich bin.* Nicht zwanghaft jugendlich und exzentrisch. Ganz normale alte Frauen eben.

Überhaupt keine Hilfe sind die Medien – sie führen uns unentwegt all das vor, woran wir angeblich scheitern, ihnen ist jeder Respekt für die Spuren der Jahre auf unserem Körper fremd; der Grad, in dem sie die Schönheit des Alters verleugnen, grenzt an systematischen Terror. Wenn wir unser Selbstbild von ihnen abhängig machen, sind wir verloren, weil wir dann denken müssen, unser Altern läuft nie so ab, wie es sollte.

Ein bisschen scheinen sich die Dinge in letzter Zeit immerhin zu ändern – und sei es nur, weil aufgefallen ist, dass wir alten Frauen über eine gewisse Kaufkraft verfügen. Mittlerweile tauchen in der Werbung auch mal ältere Models auf, die sogar alt aussehen dürfen. Sehr gut, wobei: So ganz stimmt es da auch noch nicht. Diese alten Models kommen ja trotzdem immer so glamourös daher, wie es in der Realität die wenigsten von uns tun.

Wo neue ästhetische Modelle für Seniorinnen im 21. Jahrhundert definiert werden, müssen wir wachsam sein. Sie können uns erneut in einen gnadenlosen Kampf und in den wirtschaftlichen Ruin stürzen. Wieder scheint das zweifelhafte Ziel auf, als alte Frau schön feminin auszusehen, erfolgreich zu wirken, gesund, schlank, sexy – aber nicht zu sehr – und natürlich nicht auf Hilfe angewiesen zu sein. Wieder wird uns ein Leitbild voller Einschränkungen und Unmöglichkeiten aufgedrängt, wieder wird uns ein Ort zugewiesen, wo wir nicht hinwollen. Diesen Ansatz müssen wir ganz überwinden. Seit unserer Jugend waren wir immer mit unserem Äußeren beschäftigt, es sollte die Legitimation dafür sein, dass wir überhaupt unsere Stimme erheben durften – ein zartes, kaum hörbares Stimmchen. Von dem Moment an, da wir uns den Anforderungen der heterosexuellen Ästhetik unterwarfen, hat unser Körper uns reichlich Arbeit beschert und wir haben in ständigen Qualen gelebt. Immerzu haben wir gegen unsere eigene Anatomie gekämpft. Und jetzt, da wir uns von diesem Schönheitsideal befreien und unser Selbstwertgefühl aufbessern könnten, sehen wir uns abermals mit strengen Geboten konfrontiert, die mit Schmerz, Erschöpfung, Bankrott und Hunger einhergehen. Es ist höchste Zeit, dass wir aussteigen aus dieser Tretmühle.

In welchem Ausmaß haben wir selbst am Ritual der Abwertung des alten Körpers teil, wenn wir unerreichbare Standards der Schönheit und Jugend hinnehmen, anstatt gemeinsam eine neue Ästhetik zu formulieren und umzusetzen, die der Vielfalt unserer Körper gerecht wird? Für uns alle wäre die vordringlichste Aufgabe, die Schönheit des Alters zu benennen, zu erkennen und ihre Wertschätzung einzufordern. Wir sollten ein neues Schönheitsmodell entwerfen, sollten ernsthaft darüber nachdenken, welches Bild wir von uns selbst als alte Frauen haben wollen. Niemand anders wird dieses Problem für uns lösen, doch gemeinsam können wir das. Es wäre ein enormer Fortschritt, wenn wir wirklich unsere eigene Ästhetik hätten: bequem, elegant, stilvoll. Weder von einer Modeindustrie vorgeschrieben, die uns ignoriert und demütigt, noch von einem männlichen Blick, der uns verunsichern möchte. Hätten wir erst einmal diese Grundlage, könnten wir auch andere vermeintliche Ideale, die uns doch nur quälen, hinter uns lassen – das der Jugend, das der einförmigen Schönheit, das der romantischen Liebe und all den Unfug, der uns verwirrt und daran hindert, in Einklang mit unserer komplexen und vielfältigen Lebenswirklichkeit zu sein.

Ein Teil des Abscheus, mit dem die Gesellschaft und sogar wir selbst dem Alter begegnen, hat damit zu tun, wie wir uns zu unserem gealterten Körper verhalten. Ob wir in den Modus der »Abgewrackten« verfallen, weil uns der Antrieb oder das Interesse fehlt, unter Leute zu gehen, wir keine Lust mehr haben, uns in Form zu halten, und eine gewisse Gleichgültigkeit gegenüber unserem Allgemeinzustand an den Tag legen; oder ob wir uns im Gegenteil krampfhaft um ein jugendliches Auftreten bemühen, das uns längst nicht mehr entspricht und uns zur Maskerade treibt, bis wir wie Vogelscheuchen aussehen; oder aber ob wir uns von den Schönheitstorturen fernhalten, uns dabei glücklich und frei fühlen, es aber mit der Nachlässigkeit übertreiben. Drei Beispiele, um deutlich zu machen, wie problematisch das Verhältnis Körper/Alter für uns sein kann.

Allerdings mehren sich auch die Anzeichen, dass gesellschaftliche und individuelle Kräfte im guten Sinn zusammenwirken. Wir Alten trauen uns mehr, zeigen uns mit bunt getönten Haaren auf der Straße oder präsentieren unsere grauen ohne Scheu in jedem Stadium, laufen in wirklich bequemen Kleidern und Schuhen herum und senden Signale der körperlichen Freiheit an jene, die immer noch im Leitbild der jugendlichen Schönheit gefangen sind: Seht her, wir sind viel mehr mit uns selbst im Reinen als zu anderen Zeiten – mehr, als wir es früher je für möglich gehalten hätten, als wir uns noch von ästhetischen Diktaten beeindrucken ließen …

Attraktiv zu sein geht über das rein Körperliche hinaus. Interessant und anziehend können wir auch Eigenschaften wie Kreativität, Humor, Mut, Begeisterungsfähigkeit oder Neugier finden. Diese Qualitäten haben kein Alter und lassen sich durch Lebenserfahrung, Lektüre und Beziehungen pflegen. Sie machen uns zu alten Menschen, mit denen sich die anderen wohlfühlen.

Anregungen

› Versuch dich in deiner Haut wohlzufühlen, dich mit deinem Körper, so wie er jetzt ist, zu versöhnen. Schau dich liebevoll im Spiegel an und denke daran, dass wir nicht gebügelt und geschniegelt ins Grab gehen werden – es sind die Spuren des gemeinsamen Lachens, die in unseren Gesichtern die Lebenskarte zeichnen.

› Erkenne dich in den Körpern anderer Frauen wieder, die wie du ein intensives Leben geführt haben.

› Schäme dich niemals für die Zeichen deines Alters: den Gang, die Falten, die grauen Haare; auch nicht für den viel geschmähten Gehstock.

› Lass deine Haare grau, wenn du nicht wirklich Lust hast, sie zu färben. Sie werden weicher und deine Gesichtszüge sanfter. Hervor mit den Grauen!

› Zieh dich weder an wie ein junges Mädchen noch wie ein Großmütterchen. Finde deinen persönlichen Stil, mit dem du dich wohlfühlst und nicht verbiegst. Elena Poniatowska sagt: *Es ist sehr ermüdend, immer etwas vorzuspielen, was du nicht bist.* Gelitten haben wir wahrhaftig genug.

› Fordere von der Modebranche interessante Angebote auch für unsere Altersgruppe ein. Wir sind viele, mit uns lässt sich ein Geschäft machen.

› Versuche, nicht zu schlurfen. Lass den Kopf nicht hängen. Wenn du aufrecht gehst, siehst du die Welt um dich herum. Gönn sie dir.

› Dusche regelmäßig und wasche dir die Haare. Denk daran, dir die Haare am Hinterkopf zu ordnen, wenn du dich hingelegt hast.

› Geh zur Zahnärztin, halte deinen Mund gesund und einigermaßen ansehnlich.

› Über die Fingernägel, dieses so wichtige Zeichen weiblicher Identität, gibt es viel zu sagen. Achte darauf, dass sie nicht verkommen. Manchmal liegt bloß eine kurze Zeit der Unachtsamkeit zwischen gepflegten Nägeln und schauderhaften Krallen.

› Gönn deinen Füßen gelegentlich den Gang zur Pediküre – dann fühlen sie sich wie neu an, ganz zart.

› Zupf dir diese Drahthaare am Kinn aus, sonst versetzen sie denen, die dir einen Kuss geben, einen Stich.

› Behalte die Tischrituale bei, auch wenn du alleine isst: Tischtuch und Gedeck; Weinglas und Kerze, wenn du etwas in deinem Herzen feierst.

› Iss beherrscht und elegant, wenn du in Gesellschaft bist. Schließ dich nicht der Unsitte des Hinunterschlingens an.

- Hetze dich nicht, um als Erste im Bus, am Esstisch oder im Fahrstuhl zu sein.
- Erweise dir von Zeit zu Zeit die Ehre, dein Erscheinungsbild zu aktualisieren.
- Lebe von morgens bis abends gesund, aber ohne dich zu quälen.
- Und wenn du dich entscheidest, eine Alte mit Damenbart zu sein, die Brauen zusammengewachsen zu tragen wie Frida Kahlo oder dich *grunge* zu geben und in zerlumpter Kleidung herumzulaufen, dann sorge dafür, dass es nach freier Entscheidung aussieht und nicht nach Verwahrlosung.

Gesund und einigermaßen fit

Das Altern ist ein Teil des Lebens, ein Vorgang, der mit dem Verlauf unserer Existenz untrennbar verbunden ist – und keine Krankheit, die behandelt werden muss. In Sachen Gesundheit ist es ganz offensichtlich nicht dasselbe, als Frau alt zu werden oder als Mann. Die Statistiken lassen keinen Zweifel daran, dass wir länger leben als sie (auch wenn unser Vorsprung inzwischen schrumpft), und das, obwohl wir weniger Lebensqualität genießen als die Männer und – scheinbar – mehr gesundheitliche Probleme haben.

Ein ganzes Bündel von psychosozialen Faktoren wirkt im Alter zusammen und sich auf die Gesundheit von uns alten Frauen aus: der Sexismus und die Altersdiskriminierung in unserer Gesellschaft und ihren Institutionen; die kulturelle Abwertung des gealterten weiblichen Körpers; unser Mangel an Macht und an ökonomischer Sicherheit; die ungleich verteilte Verantwortung für die Erhaltung des Lebens auf unserem Planeten, mit der wir Frauen von Kindheit an konfrontiert sind; all die Zeit, die wir anderen gewidmet haben, ohne Gegenleistung – und weitere Gemütsbelastungen, von chronischen Krankheiten ganz zu schweigen. Die meisten dieser Probleme gehen offensichtlich nicht von unserem Körper aus, sind aber dennoch der Grund, warum viele alte Frauen nicht bei bester Gesundheit sind. Was uns krank macht, sind die Ungleichheit und Ungerechtigkeit, die wir von klein auf erlebt haben.

Jahrelang kein gutes Leben zu führen, hat natürlich seinen Preis für die Gesundheit von uns Frauen, und wir bezahlen ihn mit der Übergabe unseres gealterten Körpers und unserer angehäuften negativen Erfahrungen an die Medizin. Wenn wir uns umhören, stellen wir fest, dass die Seniorinnen ringsum erstaunliche Mengen an Medikamenten schlucken, aus den seltsamsten Gründen. Zum Beispiel, um diese vermeintlich mysteriöse Unrast zu bezwingen, die mit unserer alltäglichen Unterdrückung zu tun hat, von der wiederum die Ärzt*innen nichts wissen wollen und uns lieber ein paar Pillen verschreiben, als eine psychosoziale Erklärung für solches Leiden auch nur in Erwägung zu ziehen; mit den Pillen hören wir zumindest für eine Weile auf zu jammern. Andere Behandlungsmöglichkeiten, die uns heilen oder unsere Beschwerden lindern könnten, bieten sie uns gar nicht erst an. Auch mit geduldigem Zuhören, um der Sache auf den Grund zu gehen, verschwenden sie nicht ihre Zeit. Fast alle Zipperlein alter Frauen werden auf das Alter selbst zurückgeführt – eine Einheitserklärung, gegen die wir offenbar machtlos sind. Das dürfen wir aber nicht akzeptieren. Wir brauchen dringend eine verantwortungsvolle Gesundheitspolitik und medizinische Praxis, die es uns ermöglichen, alt zu werden, ohne uns mit Tabletten vollzustopfen: mit einem nicht so ramponierten Körper und einem gerechteren, besser eingeteilten Alltagsleben.

Im Prinzip leben wir in einem Land mit einem hervorragenden staatlichen Gesundheitssystem. Nehmen wir an, Gesundheit im Alter sei ein gesellschaftliches Anliegen, eine politische und gemeinschaftliche Verantwortlichkeit, die sich zum einen auf die enormen Kosten für die medizinische Versorgung der entsprechenden Bevölkerungsteile richtet und zum anderen darauf, die Lebensumstände alter Menschen zu kennen, sichtbar zu machen und zu verbessern. Und beide Seiten, das Gesundheitssystem und die einzelnen Menschen, fühlten sich gleichermaßen für das Anliegen zuständig. Die Gesundheitsversorgung kann nicht ausschließlich der persönlichen Verantwortung anheimgestellt werden, das ist klar. Dennoch bringt sie eine gewisse individuelle Verpflichtung mit sich: Gesundheit als eine persönliche, aber auch eine ethische und soziale Mission, die uns gleichermaßen kollektiv wie als Einzelne betrifft. Im Alter befolgen wir dieses Gebot, indem wir gut auf uns achten, vor allem, indem wir in Bewegung bleiben, uns ausgewogen ernähren und versuchen, von keinen Substanzen abhängig zu werden und uns auch emotional einigermaßen im Griff zu behalten. Ein Imperativ kann dies aber nicht sein, denn er ist nicht für alle erfüllbar. Für manche von uns kann Gesundheit aus psychosozialen Gründen ein unerreichbares Ziel sein. Dann droht ein Bumerang-Effekt der Schuldgefühle, noch viel schlimmer als früher, wenn wir uns mit Kaffee und Süßigkeiten auf dem Sofa fläzten und wussten, das war Sünde.

Jeder Lebensabschnitt hat mehr oder weniger seine eigenen Krankheiten. Im Lauf der Jahre haben wir gelernt, unseren Körper besser zu verstehen und mit bestimmten Beschwerden zu leben. Unsere individuelle Geografie hat sich verändert, nicht nur, was das Optische betrifft, sondern auch, weil einige Mechanismen unseres Seins heute nicht mehr denselben Rhythmus haben wie früher. Der Stoffwechsel, die Stressresistenz, die Heftigkeit der Gefühle, der Schlaf, die Verdauung und Aufnahme von Nährstoffen, die Wundheilung und viele andere körperliche und seelische Prozesse sind nun von anderer Intensität, Geschwindigkeit und Gestalt. Einige Probleme verschwinden nicht mehr, also bleibt uns nichts anderes übrig, als mit ihnen klarzukommen; bestenfalls können wir sie mit den uns zur Verfügung stehenden Mitteln eindämmen, um nicht ganz und gar auf das Gesundheitssystem oder auf magische Pillen angewiesen zu sein. Auf jeden Fall sollten wir zwar wachsam bleiben, es aber nicht übertreiben – viele Zipperlein gehen doch von selbst wieder vorbei, und es ist keine gute Angewohnheit, so oft zur Ärztin zu rennen, dass unsere Chipkarte Funken schlägt.

Nicht erst im Alter sind eine gesunde Lebensweise und ein fürsorglicher Umgang mit uns selbst angeraten. Es ist aber auch nie zu spät, um gesundheitsförderliche Verhaltensweisen in unseren Alltag einzubinden: hinreichend Bewegung, gesunde Ernährung, nicht rauchen, ein vernünftiger und maßvoller Umgang mit Alkohol und Medikamenten. Manchmal reicht es, bestimmte kleine Gewohnheiten zu ändern – in der Ernährung, in Beziehungen, im Umgang mit Suchtmitteln oder mit unserer Trägheit –, damit unsere Gesundheit besser oder zumindest nicht schlechter wird. Vorsorgemaßnahmen können uns helfen, Krankheiten zu vermeiden, den Verlust an Beweglichkeit einzudämmen, länger zu leben und vor allem unsere Lebensqualität zu steigern.

Gut zu essen ist eine wesentliche Voraussetzung, um gut zu altern, und doch pflegt unsere Kultur erstaunliche Vorurteile über alte Frauen und Ernährung. Dahinter steht die seltsame Vorstellung, dass wir nicht essen müssten, dass bei uns im Grunde jede Mahlzeit eine zu viel sei; so wie jeder Sex, jeder Spaß, jedes Sprechen bei Frauen immer schon zu viel sein sollte. Zeit unseres Lebens war das Thema Essen vom Verzicht geprägt, und wir haben die entsprechenden Tabus derart verinnerlicht, dass es aussieht, als hätten wir tatsächlich keine Gelüste mehr. Doch jede Entbehrung erzeugt ein Verlangen, und so kann es nicht verwundern, wenn wir nach und nach die Zügel, die wir uns angelegt haben, lockerer lassen – und eines Tages vor dem Problem stehen, dass wir mehr Nahrung zu uns nehmen, als wir brauchen, mehr Energie, als wir verbrennen; dass wir also deutlich schwerer werden. Das beunruhigt uns, denn wir wissen ja, das Risiko chronischer Krankheiten und körperlicher Beeinträchtigungen wird mit zunehmendem Alter ohnehin immer größer. Andererseits bleibt uns immer die Möglichkeit, alles, was danach mit uns passiert, auf die Wechseljahre zu schieben.

Wenn wir im Alter regelmäßig körperlich aktiv sind, büßen wir nicht so schnell an Beweglichkeit ein, können wir chronische

Krankheiten lindern, unsere Herz- und Gefäß-Risiken verringern, unser geistiges und körperliches Wohlbefinden steigern. Außerdem, ganz wichtig, bietet sich dabei die Möglichkeit zu sozialen Kontakten. Körperliche Aktivität ist ein Schlüssel, um uns gut zu fühlen und unser Leben im Alter als erfüllt zu empfinden. Sie gibt uns das Gefühl, dass wir handlungsfähig bleiben, eigenständig und selbstwirksam, und sie gewährleistet, dass wir unter Leute kommen. Wenn wir uns halbwegs fit halten, vermeiden wir mit etwas Glück auch die schweren Stürze, die für alte Menschen oft das Ende ihrer körperlichen Unabhängigkeit bedeuten. Bewegung verlängert das Leben, verbessert die Körperfunktionen, hebt die Stimmung, hält den Verstand und das Gedächtnis in Form. Sie senkt die Wahrscheinlichkeit, an Diabetes zu erkranken, und hilft, die Arthritis im Zaum zu halten. Sie ist gut fürs Gehirn und fürs Gemüt.

Nicht alle Menschen sind im Alter in der Lage, körperlich aktiv zu bleiben – aus gesundheitlichen Gründen, wegen Körperbehinderungen oder auch, weil es ihnen an Unterstützung oder Ansporn fehlt. Gerade alte Frauen führen oft auch deshalb ein bewegungsarmes Leben, weil sie körperliche Aktivität nicht gewohnt sind. Wir dürfen nicht vergessen, dass wir als Mädchen noch zu einer eher statischen als athletischen Ästhetik erzogen wurden. Uns hat man zum Beispiel nie darin bestärkt, Team- oder Wettkampfsport zu treiben. Für die Mädchen von heute sieht das zum Glück ganz anders aus.

Die fehlende Bewegung beeinträchtigt das Herz, schwächt die Muskeln und das Immunsystem, führt zu Übergewicht und Depressionen. Nichts davon hat mit dem Östrogen zu tun, mit dem Alter an sich oder mit Kalziummangel, wie manche sich einreden. Sehr viel hingegen damit, dass uns die körperliche Aktivität kulturell abtrainiert wurde. Das geht so weit, dass viele von uns heute leben wie im Lockdown, auch wenn alle Ausgangssperren aufgehoben sind. Diese Passivität macht uns krank. Ein bisschen

Bewegung – es muss wirklich nicht viel sein – kann einen großen Unterschied machen sowohl für Frauen, die sich das Herumsitzen zu sehr angewöhnt haben, als auch für Frauen von labiler Gesundheit. Neben maßvoll betriebenem Sport oder Gymnastik können auch Praktiken wie Yoga, Meditation oder Tai-Chi, die Geist und Körper wieder zusammenführen, unser seelisches Gleichgewicht verbessern. Sie befördern unsere Reflexion und Spiritualität, aber sie machen uns auch das Atmen leichter. Sie bringen uns wieder mit unserem Selbst in Verbindung, das wir in einem entfremdeten Leben verloren haben.

Aber Vorsicht: Es kann auch passieren, dass all die gesundheitsförderlichen Aktivitäten, die wir uns empfehlen lassen oder uns selbst auferlegen, zu einer Art Arbeitsersatz werden und uns einen Großteil des Tages beschäftigen: auf unsere Ernährung achten, Gymnastik, Tai-Chi, Nordic Walking, Schwimmen … und am Ende haben wir für nichts anderes mehr Zeit. Es war alles andere als leicht, doch wir sind uns darüber klar geworden, wie wichtig es ist, uns fit zu halten. Und prompt übertreiben wir es damit, erlauben uns keinen Moment des Faulenzens mehr. Aber nein: Bitte keine neuen Zwänge, nun, da wir doch endlich die Freiheit haben, zu tun und zu lassen, was wir wollen.

Gerade die Ärzt*innen können mit ihren Ratschlägen einen wichtigen Beitrag dazu leisten, dass sich alte Menschen besser um sich selbst kümmern. Sie sollten die zu wenig Aktiven ermuntern, ihre Trägheit zu überwinden, indem sie sie ganz konkret über die entsprechenden Möglichkeiten informieren: sichere Spazierwege, Fitnessstudios, Schwimmbäder, Kursangebote von Krankenkassen und Volkshochschulen. Alles, was die Menschen vom *Passiv* ins *Aktiv* bringt, sodass sie am eigenen Leib spüren, wie gut Bewegung tut.

Es kann vorkommen, dass unsere Sinne im Lauf der Jahre an Schärfe verlieren. Wir sehen und hören weniger gut, unser Riechen und Tasten ist nicht mehr so präzise. Zumeist sind das langsame Veränderungen, an die wir uns fast unmerklich anpassen. Das bedeutet jedoch nicht, dass sie unweigerlich *altersbedingt* sind und daher keiner weiteren Überprüfung bedürfen. Wenn wir bestimmte Verschlechterungen feststellen, ist es ratsam, sie untersuchen zu lassen, um zu erfahren, ob sie vielleicht doch behebbar sind. Durch unsere Sinnesorgane kommunizieren wir mit der Außenwelt, und wenn sie stark nachlassen, erschwert uns das die Teilhabe am Leben in Gesellschaft. Vor allem das Hören und Sehen sind grundlegend für die soziale Interaktion. Wenn unsere sensorischen und motorischen Fähigkeiten sehr eingeschränkt sind, können wir Situationen, die für ein gutes Leben im Alter wichtig sind, nicht mehr genießen. Etwa Kino- und Konzertbesuche, Spaziergänge und Gespräche mit unseren Freundinnen.

Deshalb ist es wichtig, dass uns die Medizin und die Sozialdienste umfassend darüber aufklären, welche Möglichkeiten heute bestehen, diese Verluste zu kompensieren. Wir sollten genaue Informationen über die verfügbaren orthopädischen, sensorischen und kognitiven Hilfsmittel haben und über Reha-Programme, die uns helfen können, verloren gegangene Beweglichkeit zurückzuerlangen. Über die immer raffinierteren Hörgeräte, die je nach Bedürfnis speziell angepassten Brillen und die erstaunliche Bandbreite an Gehhilfen. Alles, damit wir uns nicht abfinden müssen, in Dunkelheit und Isolation zu leben. Machen wir uns den technologischen Fortschritt zunutze. Geben wir uns nicht geschlagen, solange wir weiterleben wollen.

Wir haben keinen Grund, uns für die gesundheitlichen Beeinträchtigungen zu schämen, die das Alter mit sich bringt. Aufgewachsen sind wir in einer Welt voller Rätsel und Tabus. Als wir jung waren, durften wir nicht sagen, dass wir unsere Periode hatten, und verwendeten stattdessen so bescheuerte Formulierungen wie *Ich bin gerade unpässlich.* Kein Wunder, dass wir dann in der Menopause auch wieder in den Verschweige-Modus fielen – nun um die Panik zu unterdrücken, die der Gedanke *Das ist der Anfang vom Ende* auslöst. Auch fällt es uns schwer zuzugeben, dass wir nicht mehr so gut hören, dass wir uns emotional leichter angegriffen fühlen, dass uns die Knochen wehtun, dass wir hinken und überhaupt, dass wir nicht bei bester Gesundheit sind. Dabei haben einige dieser Beschwerden sogar positive Seiten. Die müssen wir bloß erkennen, dann können wir sie, als Teil unseres Selbstverständnisses, zu unseren Gunsten nutzen. Ein bisschen schwerhörig zu sein, bietet zum Beispiel den Vorteil, nervtötende Alltagsgeräusche nur noch gedämpft wahrzunehmen und vor allem so tun zu können, als hätten wir bestimmte Dinge nicht mitbekommen. Nach und nach können wir das Gute an unseren kleinen Leiden ausfindig machen und unseren Blick darauf richten, anstatt immer nur die Nachteile zu sehen.

Seit einiger Zeit spiele ich mit dem Gedanken, wir sollten den Gebrauch von Gehstöcken zur Normalität machen, auch wenn wir selbst nicht auf sie angewiesen sind, damit dieses großartige Hilfsmittel sozial aufgewertet wird. Warum ist ein Wanderstock voller Plaketten Grund zum Stolz, aber ein Gehstock im Alltag soll es nicht sein? Mit dem einen fühlen wir uns fit, mit dem anderen auf dem Weg ins Grab. Würden wir alten Frauen massenhaft Gehstöcke benutzen, könnte das den Stöcken und uns selbst den angemessenen Glamour verleihen. Lasst es uns versuchen!

Das nachlassende Gedächtnis ist ein weiteres Thema, das uns verunsichern mag. Wir können uns nicht so gut an Dinge erinnern, die wir am selben Tag oder tags zuvor unternommen haben, wie an das, was viele Jahre zurückliegt. Wir bringen Namen, Daten, Orte oder Situationen durcheinander. Es fällt uns schwer zu sagen, ob und wann wir dies oder jenes getan haben.

Wichtig ist, zwischen harmloser Vergesslichkeit und einem Gedächtnisverlust, der auf ernste medizinische Probleme hindeutet, zu unterscheiden. Wenn wir heute mit einer Sache beschäftigt sind, können wir nicht mehr so leicht wie früher gleichzeitig noch etwas anderes tun; das Multitasking bereitet uns Mühe. Wir können uns nicht mehr darauf verlassen, dass wir uns das, was wir gerade klar vor Augen haben, auch wirklich merken werden. Vielleicht ist es schon bald aus unserem Gedächtnis verschwunden, und wir erinnern uns nur noch daran, dass wir uns an etwas erinnern wollten. Zum Kuckuck.

Was wir brauchen, sind Strategien, um das, was wir wirklich wichtig finden, nicht zu vergessen, und vor allem, um Schusseligkeiten zu vermeiden, die schwerwiegende Folgen haben können – etwa den Herd anzulassen.

Jeder Mensch, egal wie alt, vergisst mal etwas Wichtiges und oftmals etwas Unwichtiges. Wenn ein Zwanzigjähriger es verschwitzt, Brot zu kaufen, heißt es, klar, der hat halt andere Dinge im Kopf. Aber wenn es einer Achtzigjährigen passiert, soll es daran liegen, dass sie halt tüdelig ist. Das Alter als die Mutter aller Erklärungen – eine so bequeme wie bösartige Haltung.

Wir müssen ständig unsere volle Aufmerksamkeit an den Tag legen, denn sobald wir ein wenig abgelenkt sind, könnte es ja fatale Folgen haben. Deshalb entwickeln wir Kontrollzwänge, prüfen zigmal, ob wir den Wecker richtig gestellt oder ob wir auf dem Tisch im Café auch wirklich nichts haben liegen lassen; ob Handy, Schlüssel, Brille und Geldbeutel dabei sind, wenn wir aus dem Haus gehen; ob wir in der Küche alles ausgeschaltet haben. Unverzichtbare Rituale, um dem Horror des: *Herrje, was nun?* zu entgehen.

Eine Grundlage für das sinnerfüllte, gesellige und gemütliche Alter, das wir uns wünschen, sind Routinen, um unsere Zerstreutheit abzufangen. Sehr hilfreich sind feste Abfolgen und Rhythmen, mit denen wir den Tag gegen die Nacht abgrenzen, den Vormittag vom Nachmittag unterscheiden, das Wochenende von den Werktagen, das Ausruhen vom Aktivsein, die Momente der Kommunikation von denen des Rückzugs. Solche Routinen ordnen unseren Alltag, denn das tut er nicht von alleine, da sind wir schon selbst gefordert.

Ein weiteres Thema von großer Bedeutung in jeder Phase unseres Lebens ist die psychische Gesundheit. Unter diesen Begriff fällt eine Unmenge von Zuständen – vom leichten, aber hartnäckigen Unbehagen in der Magengegend bis zur Lebensmüdigkeit, weil doch alles uns nur noch zu schaden scheint; und die ganze Palette der seelischen Variablen wie Ängste, Depressionen, Stress, Teilnahmslosigkeit, Hyperaktivität und so weiter.

Aber Vorsicht: Wenn wir irgendwann im Leben zu erkennen geben, dass wir unseren eigenen Weg gehen wollen, wird uns garantiert das Etikett *hysterisch*, *gestört* oder jedenfalls *unverschämt* angeheftet. Standardisierte Abwertungen, die das Patriarchat erfunden hat, um uns klein zu halten, damit wir weiterhin schön den Haushalt machen (wobei die Herren eigentlich nicht einmal selbst daran glauben, dass uns ihre Verunglimpfungen zurück auf den *rechten Weg* bringen). Sind wir in diesem Emanzipationsprozess einmal so weit gekommen, dass wir in unsere Schuhe schlüpfen, uns die Handtasche umhängen und aus dem Haus gehen, dann kehren wir selten wieder um.

Im Rahmen der bestehenden Ordnung hat die Medizin die weibliche Psyche und überhaupt die Gesundheit der Frauen immer wieder pathologisiert. Es hieß, wir seien von Natur aus »hysterisch« – dann stellte sich allerdings heraus, dass die »Hysterie« verschwand, sobald wir es uns erlaubten, zu masturbieren (zu diesem Thema sehr empfehlenswert: Tanya Wexlers Film *In guten Händen – oder die Geschichte der Erfindung des Vibrators*, der auf Rachel P. Maines' Buch *The Technology of Orgasm. Hysteria, the Vibrator, and Women's Sexual Satisfaction* basiert). Es hieß, wir seien depressiv wegen der Menopause, es hieß, wir seien untröstlich über das »leere Nest«, und unser Leben als Rentnerinnen oder gar Witwen sei zwangsläufig sinnentleert … Erst die donnernden Freiheitsschreie all dieser Abgestempelten – Witwen, Rentnerinnen, Frauen in der Menopause, Mütter, deren Kinder aus dem Haus sind – haben die Lehrsätze einer scheinheiligen Pseudopsychologie zum Verstummen gebracht. Aber noch heute bekommen Frauen, die in oder nach den Wechseljahren mit Beschwerden zum Arzt bzw. zur Ärztin gehen, viel zu oft zu hören, es seien »die Nerven« oder »die Hormone«, und werden mit einem Rezept für Hormonpräparate oder Psychopharmaka vertröstet. Das ist umso empörender, wenn wir bedenken, was für eine gigantische Menge an häuslicher und emotionaler Arbeit wir Frauen mit den Jahren geleistet haben, ohne je dafür entschädigt worden zu sein. Die Statistik lässt keinen Zweifel daran, dass wir mehr arbeiten, nicht so viel Freizeit und Zerstreuung genießen und obendrein weniger schlafen als unsere männlichen Artgenossen. Und das ist nur der Anfang, da ist die Zeit noch gar nicht einberechnet, die wir mit der Pflege von Eltern – und Schwiegereltern – verbringen, ebenso wenig unsere Funktion als wandelnder Geburtstagskalender und die unzähligen Male, die wir die Kinder zur Ärztin, zum Zahnarzt, zum Sport oder zur Musikschule gebracht haben. Oder der Aufwand, uns immer schön herauszuputzen, damit wir hübsch, begehrenswert und froh aussahen. Immer in der Tretmühle – ist das etwa nicht zum Verrücktwerden?

In der Tat stellen wir Frauen eine geradezu unerschütterliche geistige Gesundheit unter Beweis, wenn wir nach all dem, was wir mitgemacht haben, noch einigermaßen bei Verstand sind. Jahre über Jahre des Lächelns, des »Nein, macht mir gar nichts aus«, des Streitschlichtens in der Familie, des Schlafmangels, der doppelten, dreifachen oder sogar vierfachen Arbeitstage (Job, Schönheit, Familie, Pflege), der Geldsorgen, des Lebens in einer sexistischen und gewalttätigen Gesellschaft, der Machtlosigkeit und des Immer-recht-freundlich-Seins. Wen kann es da wundern, dass wir Weltmeisterinnen im Psychopharmaka-Konsum sind? Vor lauter Selbstverleugnung geht unser Cortisolspiegel durch die Decke, und wir sind irgendwann so weit entfernt von unserem wahren Ich, dass wir uns kaum noch wiederfinden.

Feiern wir unsere Klugheit: Dank der Gespräche mit unseren Freundinnen haben wir es geschafft, uns den Stigmatisierungen zu entziehen, haben erkannt, dass nicht wir verrückt sind, sondern das Leben, zu dem wir gedrängt werden. Gepriesen sei der Feminismus! Er hat sein Schlaglicht auf Aspekte unseres Alltags geworfen, die so sehr mit unserem Dasein als Frauen verbunden schienen, dass lange Zeit niemand darauf kam, sie zur Debatte zu stellen. Dank an die Ärztinnen, die sich gegen die Gender-Klischees der Medizin wandten, unser Unbehagen verstanden und uns geholfen haben, es zu überwinden. Dank auch an den Sport, die Freundschaft, die Selbstbefriedigung, die Lektüre, das Kino, die immer größere innere Freiheit, die wir erlangen konnten – und, ja, auch an das treue Lorazepam.

Gerade im Bereich unserer körperlichen und psychischen Gesundheit wird offensichtlich, wie wichtig unser Austausch untereinander ist: als Frauen, die bestimmte Erfahrungen teilen oder vorurteilsfreie medizinische Kenntnisse über den weiblichen Körper zusammenstellen. Gemeinsam verschaffen wir uns die nötige Orientierung und bringen den überfälligen Wandel in Gang, hin zu einer Medizin, die unserem Körper und unserer Psyche entspricht. In Spanien zum Beispiel haben Frauen, die im Gesundheitssystem arbeiten, schon seit den 1980er-Jahren begonnen, ihr eigenes medizinisches Netzwerk aufzubauen. Es heißt »CAPS« und leistet unschätzbar wertvolle Arbeit. In Deutschland tun dies die feministischen Gesundheitszentren, die es in vielen Städten gibt.

Möglich gemacht hat all die Schritte, mit denen wir unsere Gesundheitsversorgung verbessern, der Feminismus. Anfangs in den Selbsthilfegruppen, die für viele von uns die Rettung waren, später in den diversen Formen von Zusammenschluss und Schwesterlichkeit, die wir entwickelt haben, um einander zuzuhören, Solidarität zu erfahren und Licht auf unsere Leiden zu werfen. Dabei wurde uns klar, dass wir uns unsere Schmerzen und unsere Erschöpfung keineswegs nur einredeten: Das Leben, das wir führten, war wirklich nicht auszuhalten.

Der Feminismus hat uns die nötigen Worte gegeben, die Fähigkeit zu formulieren, was wir uns wünschen, und die Gewissheit, dass wir gemeinsam ein Tsunami sind, der die Welt verändert. Es zählt zu den Aufgaben des heutigen Feminismus, scharfsinnig und unbeirrt die Arbeit der Vorreiterinnen zu würdigen, sodass wir Frauen alle zusammen – die jungen, die in mittleren Jahren und die alten – die Leerstelle füllen können, in die diese Gesellschaft uns Alte bisher abzuschieben versucht. Der Feminismus ist unsere Stärke.

Die Gesellschaft, in der wir leben, versucht, die politischen, sozialen, wirtschaftlichen und diskursiven Ungerechtigkeiten zu ignorieren, die unser Leben als Frauen prägen: unser notorischer Mangel an Selbstachtung, die körperliche und geistige Erschöpfung, die zu Lust- und Antriebslosigkeit und tiefer Traurigkeit führt. Die Gesellschaft stellt sich taub für die mannigfachen Ursachen dieser Missstände – etwa unsere emotionale und berufliche Überlastung oder die unterschwellige Gewalt, der wir ständig ausgesetzt sind. Entsetzt bin ich in diesem Zusammenhang über die zehn Prioritäten, die die Weltgesundheitsorganisation WHO für die Dekade 2020 bis 2030 – als »Jahrzehnt der Gesundheit im Alter« – formuliert hat. Darin wird weder über die höhere Erkrankungsrate von Frauen noch über die Besonderheiten der weiblichen Gesundheitssorge auch nur ein Wort verloren.

Um sich das Leben nicht schwer zu machen, antwortet das Gesundheitssystem auf all unsere Probleme mit Medikamenten, anstatt darin die Klage über die Ungerechtigkeit, Hoffnungslosigkeit und Einsamkeit zu erkennen; dass wir leiden, weil wir nicht glücklich sind.

Bei den meisten Vorschlägen in den Listen, die ich in diesem Buch an die Enden der Kapitel stelle, scheint mir die Beharrlichkeit entscheidend, wenn wir unser Alter wirklich in Würde und im Einklang mit uns selbst verbringen möchten. In bestimmten Bereichen des Alltags ist es notwendig, dass wir uns nicht vernachlässigen – nicht einmal für kurze Zeit. Gute Angewohnheiten sollten wir konsequent beibehalten, auch wenn uns niemand dabei zusieht oder es uns schwerfällt, uns aufzuraffen, und wir denken: *Was macht das schon aus?* Doch, es macht etwas aus. Wenn du etwas an einem Tag nicht tust, dann lässt du es als Nächstes zwei Tage lang bleiben und so weiter, und schon bist du auf dem Weg der Selbstaufgabe, der umso gefährlicher ist, wenn es um deine Gesundheit geht. Andererseits stimmt es natürlich auch, dass zur Freiheit die Freude daran zählt, die Dinge so zu tun, wie du es willst – egal, was die anderen sagen.

Spitzfindigkeiten

› Ernähre dich abwechslungsreich, mit viel Obst, Gemüse, Hülsenfrüchten, Ballaststoffen und Kalzium, aber ohne zu streng mit dir zu sein. Einmal ist keinmal, aber dauernd ist nicht keinmal.

› Iss in Ruhe. Kaue gründlich. Damit erleichterst du dir die Verdauung und wirst schneller satt.

› Achte auf dein Gewicht; falls es zu hoch ist, iss weniger und gesünder. Die beste Diät ist immer noch FdH, »Friss die Hälfte«. Dabei hilft auch eine Portion Selbsttäuschung: Verwende einen kleinen Teller, lade ihn dir nicht zu voll, dann kannst du dir sogar einen Nachschlag gönnen. Und wenn das alles nicht hilft, klebe ein Foto von dir selbst an die Kühlschranktür, in deinen vollen Ausmaßen – so erinnerst du dich daran, was du abnehmen willst.

› Halte deine Süchte im Zaum: Tabak, Kaffee, Liebe (ja, ja), Arbeit, Helferinnensyndrom, ständige Verfügbarkeit. Du wirst sehen, wie sich nicht nur deine Gesundheit verbessert, sondern du auch das gute Gefühl hast, selbst über dein Leben zu bestimmen.

› Sei sinnlich! Lass deine Haut nicht ungenutzt, erkläre deine Sexualität nicht für abgehakt. Unsere fünf Sinne halten uns mit unserem Gehirn in Verbindung. Wie Carme Valls – die Vorsitzende des oben erwähnten Gesundheits-Netzwerks CAPS – rät: Machen wir jeden Tag jedem unserer Sinne eine Freude. Essen wir etwas, worauf wir Lust haben; atmen wir einen guten Duft ein (ungeachtet unserer erstaunlichen Fähigkeit, die üblen Gerüche unserer Umgebung zu ertragen); lauschen wir bewusst Klängen, Musik, Worten; genießen wir aber auch die Stille; betrachten wir eine Landschaft, eine Zeichnung, ein Bild oder ein Foto, das uns berührt. Und kümmern wir uns auch um unseren Tastsinn, spüren wir unsere Haut, streicheln wir uns.

› Treibe Sport, nicht zwanghaft, aber regelmäßig. Bleibe körperlich und geistig in Bewegung: Geh zu Fuß, nimm die Treppe, steige eine Haltestelle früher oder später aus dem Bus, kauf die Zeitung ein Stück weiter weg, geh schwimmen, mach Pilates, führe Gespräche, lies, zeichne, schreibe, denke, tausche deine Gedanken mit anderen Menschen aus. Dann schläfst du besser, die Verdauung fällt dir leichter, Ängste, Schwermut und Stress werden gelindert. Aber zwinge dich zu nichts.

› Widerstehe der Verlockung, immer zu Hause zu bleiben. Mach jeden Tag zumindest einen kleinen Spaziergang und halte dich dabei über das Geschehen in der Nachbarschaft auf dem Laufenden.

› Für die meisten dieser Dinge gilt: Es ist nie zu spät, um damit anzufangen, ganz langsam, ohne Druck. Schon kleine Fortschritte geben dir das Gefühl zurück, Herrin über deinen Körper und keinem ungewissen Schicksal ausgeliefert zu sein.

- Pass auf, dass du nicht stürzt. Geh langsam und achte darauf, wohin du trittst, damit du nicht stolperst und dir einen Knochen brichst, denn sie verheilen jetzt nicht mehr so schnell. Lass den Bus ruhig abfahren, der nächste kommt bestimmt.

- Ruh dich genug aus: Das Problem ist nicht, ob du kürzer oder länger schläfst, sondern ob du es schaffst, das zwanghafte Grübeln abzuschalten.

- Wenn du merkst, du verstehst bei einem Vortrag nur noch die Hälfte, wenn du Fernseher und Radio immer lauter stellen musst und wenn du dauernd »Was?« oder »Wie?« sagst, während andere mit dir reden, besorg dir ein Hörgerät. Du wirst dir nicht mehr so abgemeldet vorkommen.

- Verwende den Gehstock mit der Eleganz eines Menschen, der sich selbstbewusst fortbewegt. Er gibt dir Sicherheit.

- Erlaube dir Witze über alles, was du eigentlich vor anderen verbergen wolltest: dass du Depressionen hattest (kein Wunder, nach allem, was du im Leben durchgemacht hast); dass dein Hörgerät dir tatsächlich eine Hilfe ist; dass dein grauer Star operiert worden ist; dass du bald eine neue Hüfte bekommen wirst, wie Robocop. Und so weiter.

- Entwickle kreative Strategien im Umgang mit den körperlichen Einschränkungen, die das Alter mit sich bringt, damit du weiter möglichst selbstständig bleiben kannst. Nutze alle dir verfügbaren Technologien und Dienstleistungen, um dein Leben zu erleichtern.

- Wenn du etwas auf dem Herd oder im Ofen stehen hast, stell dir den Wecker. So bist du auf jeden Fall rechtzeitig zurück in der Küche, nichts brennt an, und erst recht kann nichts Schlimmes passieren. Gewöhn dir das bitte wirklich an.

› Ordne deinen Raum so an, dass du dich leicht zurechtfindest (das Gedächtnis ist nicht mehr, was es einmal war). Sorge dafür, dass du alles, was du brauchst, griffbereit hast. Sortiere die Dinge nach Kategorien und lege feste Orte für sie fest – die Medikamente immer an dieselbe Stelle, die Toilettenartikel an ihren Platz, alles, was mit Geld und Banken zu tun hat, an seinen. Beklebe Schubladen, Schränke und Kisten mit Schildern, auf denen steht, was drin ist. Das erspart dir viel Zeit und Mühe.

› Schaff dir ein Notizbuch an, in dem du Ideen, Beobachtungen oder zu Erledigendes notieren kannst, damit du dich daran erinnerst. Auch wenn du dir sicher bist, *das vergesse ich nicht* … Was meinst du, wie ich dieses Buch geschrieben habe? Indem ich dauernd mitten in der Nacht aufgestanden bin, um kapriziöse Ideen festzuhalten, die sich sonst verflüchtigt hätten.

› Trage Dinge, die ein Datum haben, im Kalender ein: Bettwäsche wechseln, Medikamente, die du nur manchmal nehmen musst, Arzttermine, Feste, Geburtstage. Übrigens, im Namen deiner Würde: Hör auf, denen zu gratulieren, die selbst nie an deinen Geburtstag denken.

› Lass dir deine Eigenarten nicht mit Medikamenten austreiben; du brauchst auch keine Therapie, bloß weil du dich gegen gewisse Konventionen entschieden hast: gegen das Kinderkriegen, gegen die Paarbeziehung, gegen sonst was. Vielleicht bist in Wahrheit du die einzig Normale.

Alte Frauen ohne Regeln

Ein ganz eigenes Kapitel im Prozess des Altwerdens ist die erotische Beziehung, die wir zu uns selbst und zu den Objekten unseres sexuellen Begehrens haben. Dieses Thema gehört – ähnlich wie das Geld – zu den am konsequentesten unter den Teppich gekehrten Aspekten des Alters, zu seinen bestgehüteten Geheimnissen. Entgegen der weitverbreiteten Meinung, dass es bei der Frage nach der Sexualität bloß um ein Mehr oder Weniger an Hormonen gehe und sie mit der Menopause für uns abgehakt sei, spielen hier noch ganz andere Umstände und Denkweisen herein und beeinflussen unser persönliches erotisches Erleben. Beispielsweise das Bündel an sozialen Beschränkungen, persönlichen Überzeugungen und kulturellen Klischees, die wir uns im Lauf des Lebens aufgebürdet haben und die unsere Sexualität im Alter verleugnen, tabuisieren oder lächerlich machen. Sie hemmen unser Begehren und lassen uns glauben, unsere Gefühle seien einer alten Frau nicht angemessen.

Aus ganz verschiedenen Richtungen wird unser Sexleben im Alter eingeschränkt und verdrängt. Ein entscheidender Faktor ist oft, ob wir eine Paarbeziehung haben oder nicht, und wenn ja, was für eine. Diese Frage verliert mit den Jahren keineswegs an Bedeutung. Für Frauen in jedem Alter liegt ein Schlüssel für eine erfüllte Sexualität in der Qualität der Beziehungen, die sie führen. Wie man miteinander umgeht und einander Zuneigung erweist, die Kommunikation und das Vertrauen: All das sind unabdingbare Voraussetzungen für das erotische Wohlbefinden. Ist die Stimmung schlecht, dann läuft auch nichts.

Sind wir nicht liiert, wird es aus verschiedenen Gründen sehr schwierig mit der sexuellen Aktivität im Alter. Teils sind diese Gründe persönlicher Natur, teils haben sie mit eingefleischten Vorbehalten einer Gesellschaft zu tun, die weibliches Begehren grundsätzlich abzustrafen neigt und im Alter erst recht. Wobei das Modell der auf Dauer angelegten Paarbeziehung gerade in diesen Zeiten der Langlebigkeit natürlich auch seine Tücken hat. Es kommt ja vor, dass mit den Jahren das angebotene sexuelle Programm keine Überraschungen mehr bietet und das ewige Einerlei alle leidenschaftlichen Regungen erstickt. Langzeitbeziehungen pflegen die sexuelle Aktivität einzuschränken, bieten dafür jedoch ein Plus an affektiver Bindung; bestenfalls werden sie sogar unerschütterlich und unzerstörbar.

Eine Erschwernis für die heterosexuelle Erotik im Alter können die ganz praktischen Schwierigkeiten des alternden Partners sein. Gravierender ist aber das Phänomen, dass die Herren uns auf Dauer oft wenig anregen, was nicht nur die Leidenschaft erkalten lässt, sondern uns, wenn wir Pech haben, überhaupt jeden Spaß am gemeinsamen Alltag verdirbt. Auch gesundheitliche Probleme – unsere eigenen oder die unseres Partners – können uns in der Hinsicht sehr beeinträchtigen.

Angesichts dieser Umstände verwundert es nicht, dass in den Jahren nach der Menopause eine neue sexuelle Beziehung unsere Lust, unser Selbstwertgefühl und unsere sexuelle Befriedigung besonders wirksam stimuliert. Zumindest eine Zeit lang.

Zu den Faktoren, die unser Begehren und unsere erotische Abenteuerlust im Alter hemmen, zählt das grausam enge Schönheitsverständnis unserer Gesellschaft, dessen Grundelemente *jung* und *schlank* für uns unerfüllbar sind. Führt dieses Diktat schon allgemein dazu, dass viele Frauen mit ihrem Körper nicht glücklich sind, so macht es eine Akzeptanz des gealterten

Frauenkörpers und seiner eingeschränkten Möglichkeiten der sexuellen Praxis erst recht schwer. Weitere Hindernisse für eine ungezwungene Erotik, wie Stress, Müdigkeit und Sorgen (Arbeit, Familie, Verantwortung), tun mit den Jahren ihr Übriges. In manchen Beziehungen verliert der Sex im Lauf der Zeit allmählich an Bedeutung, auch wenn er in früheren Phasen als unverzichtbare Komponente erschien. Das muss nicht unbedingt ein Drama sein. In vielen Fällen führt dieser Prozess zu einem freundschaftlicheren, sinnlichen und gelassenen Miteinander, das nicht im strikten Sinn sexuell ist und dennoch von großer emotionaler Zufriedenheit geprägt sein kann. Umarmungen, Liebkosungen, die guten Gespräche, die wir miteinander führen, die Gesellschaft, die wir einander leisten, und die Verbundenheit, die wir empfinden, können uns durchaus eine neue und angenehme Form von Lust verschaffen.

Fest steht nur, dass die Fragen, ob wir in einer Paarbeziehung leben, welcher Art diese Beziehung ist, wie es um unsere Gesundheit, innere Freiheit und persönliche Haltung zu affektiv-sexuellen Beziehungen steht, entscheidend dafür sind, ob im Alter ein befriedigendes Sexleben möglich ist. Wir bleiben auch nach der Menopause interessante und vollständige Frauen, wenngleich wir daran oft selbst nicht zu glauben scheinen. Die heterosexuelle Gesellschaft ist dabei keine Hilfe, da sie an Frauen jenseits der Wechseljahre kein erotisches Interesse zeigt und uns wenig Gelegenheiten bietet, eine neue Beziehung aufzubauen, mit jemandem, den wir anziehend genug finden, damit das ganze sexuelle Zeremoniell – einschließlich des Umeinander-Werbens – in Gang kommt. Klar ist uns jedenfalls: Wir lassen uns nicht mehr auf Beziehungen ein, von denen wir schon genau wissen (oder uns allzu gut vorstellen können), wie sie ablaufen werden. Die Nummer langweilt uns nur noch.

Die befriedigendste und beständigste Form von Sex ist die Masturbation. Aber auch darüber reden wir nicht, und schon gar nicht geben wir vor unseren Freundinnen damit an. Die regelmäßig und fantasievoll betriebene Autoerotik ist ohne Wenn und Aber ein Wohlfühlraum der weiblichen Sinnlichkeit, zumal sie keiner fremden Hilfe bedarf. Sie kann Verspannungen lösen, beim Einschlafen helfen und gehört zu einem gesunden Leben dazu. In jedem Alter.

Zudem sind ja zahlreiche Artikel auf dem Markt, die uns als Einzelne oder als Paare helfen können, unsere Sexualität zu stimulieren. Derzeit ist der sogenannte Klitorissauger oder Druckwellenvibrator der größte Hit und richtet in manchen Beziehungen gewaltigen Schaden an: hingebungsvoll, fleißig, und – das ist das Beste – ohne dass es nachher kompliziert wird. Für Paare ist er Bedrohung und Herausforderung zugleich. Probiert ihn mal aus.

Sehr zu empfehlen sind auch die Geräte für die Kegel-Übungen zur Stärkung des Beckenbodens. Die sind so wichtig! Auch weil sie die Flüssigkeitszirkulation in dem Bereich verbessern und lustfördernd wirken.

Für Frauen, die bisher heterosexuell gelebt haben, kann es beglückend sein, im Alter eine Beziehung mit einer anderen Frau einzugehen. Zwar ist es nicht leicht, solche Gefühle zu erkunden und anzuerkennen, weil das Diktat der Heterosexualität so fest in unserem Kopf sitzt und auf unserer Haut klebt. Doch wenn wir unsere Freiheit nutzen und uns dieser Möglichkeit nicht verschließen, können wir in eine ungeahnte Dimension des Wohlbefindens vorstoßen. Das Leben ist voller Überraschungen.

Ebenso wie wir im Alter besser über unseren Alltag, unsere Emotionen und unsere Wünsche bestimmen können als früher, haben wir die Chance auf eine selbstbestimmte Sexualität: darauf, eigenständig als sexuelle Wesen zu handeln, was für eine erfüllte Körperlichkeit sehr wichtig ist. Ja oder Nein sagen zu können, Anregungen, Vorschläge und Hinweise auf dem Weg zur Lust zu formulieren, führt zu einem kostbaren Gefühl der

Verbundenheit. Uns fällt das leichter, wenn wir das Schweigen über unsere Sexualität brechen und unsere historische Neigung zur Sprachlosigkeit auch in dieser Hinsicht überwinden. Das ist vielleicht nicht von heute auf morgen möglich, doch langsam, aber sicher bewegen wir uns auf eine Normalisierung des Themas Sex im Alter zu.

In der feministischen Reflexion über Sexualität hat die Forderung nach Vielfalt und Freiheit in der sexuellen Befriedigung einen hohen Stellenwert. Es geht um andere Blickwinkel auf die Erotik und auch darum, bisher verschwiegene oder verleugnete Arten, unsere Lust auszuleben, zur Geltung zu bringen. Von null auf hundert.

Ein beträchtliches Problem hinsichtlich der Sexualität im Alter bilden allerdings die Pflegeheime. Dort werden alte Menschen grundsätzlich als Wesen behandelt, bei denen jegliche sexuelle Regung als etwas Unangemessenes, Unpassendes oder gar Sündhaftes, Perverses gesehen wird – als etwas, das unterdrückt werden muss. Wenn dies schon für heterosexuelles Begehren die ungeschriebene, aber streng durchgesetzte institutionelle Norm ist, welche Chance hat dann eine homosexuelle Person in einem Pflegeheim, sich zu ihren Sehnsüchten zu bekennen?

Es ist längst überfällig, dass sich die Institutionen, in denen alte Menschen betreut werden, dem Thema Erotik im Alter stellen und es – einschließlich des Rechts auf sexuelle Vielfalt – als elementaren Bestandteil unserer Gesundheit achten und uns den Zugang dazu, im Einklang mit unseren individuellen Bedürfnissen, erleichtern. Ebenso dringlich ist es, dass unsere Kinder der Tatsache, dass wir auch im Alter noch sexuelle Wesen sind, nicht mehr mit der verbreiteten Abwehrhaltung begegnen. Sie sollten sich weder einmischen noch sich mit der Heimleitung verbünden. Im Gegenteil: Sie sollten dafür sorgen, dass jegliche Lebensfreude unsererseits respektiert und gefördert wird.

Inspirationen

- › Versöhne dich mit deinem Aussehen und dem Wandel deines Körpers. Damit fällt dir das Erotische leichter.
- › Stelle die kulturellen Normen infrage, die deine Erotik einschränken. Erkenne dein Begehren, benenne es, mach es dir zu eigen und setze es in die Tat um. So, wie du es magst.
- › Gestatte es dir, neue sexuelle Erfahrungen zu machen.
- › Ein sinnliches oder sexuelles Abenteuer bedeutet nicht, dass du deine Affäre in Obhut nehmen musst.
- › Verschaffe dir einen geschützten, behaglichen Raum für deine Intimität, ob allein oder in Gesellschaft.
- › Verbessere dein Verhandlungsgeschick in der Paarbeziehung und vor allem deine Fähigkeit, zu sagen, was dir gefällt, was du nicht magst und was du gerne ändern würdest.
- › Trau dich, Vorschläge zu machen.
- › Tausche dich mit anderen Frauen über sexuelle Erfahrungen aus. Sprich darüber.
- › Sei in deiner Sexualität du selbst.
- › Poche auf dein Recht auf Privatsphäre. Lass nicht zu, dass deine verklemmten Nachkommen dich unterdrücken. Das fehlte gerade noch.
- › Mach dir keine Sorgen, wenn du kein Verlangen nach Sex hast. Man lebt sehr gut, auch ohne das ganze Drumherum sexueller Begegnungen organisieren zu müssen.
- › Uns bleiben immer noch der Klitorissauger und die anderen Spielzeuge, damit wir die Freude nicht verlieren: hochwirk-

sam, schnell, treu, und ohne dass nachher schlechte Stimmung aufkommt. Sie sind immer bereit.

Alte Frauen am Ruder

Das eigene Leben als sinnerfüllt zu empfinden, ist der Schlüssel, um im Alter das Gefühl zu haben, dass wir uns mehr oder weniger dort befinden, wo wir sein wollen – und dass unser Alltag so abläuft, wie wir ihn uns realistischerweise erhoffen können, mit seinen Höhen und Tiefen. In jedem Alter brauchen wir Ziele und Projekte; erst recht, wenn die beruflichen Zwänge wegfallen und die familiären Verpflichtungen nachlassen (endlich!). Da wir jedoch als Wesen sozialisiert wurden, die immer für andere da sind, neigen wir dazu, unseren Einsatz und unsere Hilfe immerzu freiwillig und kostenlos anzubieten, als hätten wir Zeit und Geld im Überfluss. Jahrzehntelang haben wir alles vernachlässigt, was wir uns für uns selbst vorgenommen hatten, haben unsere eigenen Wünsche missachtet und es uns in einem gefährlichen Ausmaß angewöhnt, unsere Lebensziele aufzuschieben.

Dabei ist es für unser persönliches Wohl und unsere Gesundheit entscheidend, ob wir das Gefühl haben, unser Leben in der Hand zu haben; ob wir über die innerlichen und äußerlichen Mittel verfügen, um unseren Alltag gut und gerecht zu organisieren, sodass wir eben nicht nur im Dienst der Bedürfnisse anderer stehen, schließlich haben auch wir welche. Deshalb ist es so wichtig, dass wir unsere Angelegenheiten selbst regeln, auch wenn irgendein Teil unseres Gehirns noch immer auf finanzielle und emotionale Abhängigkeit programmiert ist. Es dauert etwas Mittelalterliches in uns fort, weil viele von uns Frauen in dem

Glauben aufgewachsen sind, dass, wenn nötig, schon *jemand für uns sorgen würde.* Dieser Jemand pflegt aber ausgerechnet dann nicht aufzutauchen, wenn wir ihn wirklich brauchen. (Für viele Frauen bedeutet es einen riesigen Schritt nach vorne, wenn ab einem bestimmten Zeitpunkt im Leben für Fragen, die uns betreffen, nicht mehr die Beziehung zu einem Mann – als dem, der Sicherheit, Geld, Zärtlichkeit und Lösungen für unsere Probleme bieten soll – der Angelpunkt ist.)

In unserer Gesellschaft ist immer noch die Überzeugung verwurzelt, alte Menschen, und vor allem alte Frauen, seien unfähig, ihre Angelegenheiten selbst zu regeln. Eine Art, ihnen Zuneigung und Fürsorge zu erweisen, besteht deshalb darin, alles Mögliche für sie zu erledigen – nicht nur die Dinge, die für sie tatsächlich schwierig wären, sondern auch die, die sie ohne Weiteres alleine könnten.

Diese scheinbar mitfühlende Haltung erweist sich in der Praxis als verhängnisvoll, denn sie wird zur selbsterfüllenden Prophezeiung. Nach und nach geben die Alten ihre Eigenständigkeit auf und verlieren den nötigen Antrieb, um geistig auf der Höhe zu bleiben. Dann lassen ihre mentalen Fähigkeiten tatsächlich nach, sie vergessen Abläufe, die vor Kurzem noch selbstverständlich für sie waren, und sie verlieren das Interesse daran, ihr Leben selbst zu gestalten.

Ein interessantes Beispiel dafür ist unser Verhältnis zum Führerschein. Es kommt der Moment, in dem wir denken, das Auto brauchen wir nicht mehr, die Kosten können wir uns sparen. Es gibt ja andere Möglichkeiten, mobil zu bleiben und unser Leben wie bisher weiterzuführen – meinen wir. Das hängt aber sehr von der Qualität des öffentlichen Nahverkehrs ab: Wie oft fahren Bus und Bahn, wie teuer sind sie, wie gut sind sie zu erreichen? Und ist das Mobilitätsangebot auch auf die Bedürfnisse alter Menschen ausgerichtet? Wenn nicht, wird der Verzicht aufs Auto schwieriger als gedacht. Selbst fahren zu können ist in unserer

Gesellschaft ein wichtiger Faktor für persönliche Eigenständigkeit, Bewegungsfreiheit und Teilhabe. Daher sollten wir es uns gut überlegen, ehe wir das Auto abgeben und uns damit noch weiter einschränken. (Während ich dies schreibe, kommen mir einige der Dummheiten in den Sinn, die wir im Zusammenhang mit dem Autofahren zu begehen pflegen. Junge Frauen, die ihrem Freund das Steuer überlassen, aus welchem Minderwertigkeitskomplex auch immer; und selbst versierte Fahrerinnen, die mit dem Job der Kopilotin vorliebnehmen, sobald sie verheiratet sind. Liebe kann schreckliche Folgen haben.)

Alte Menschen davon abzuhalten, Verantwortung für ihren Alltag zu übernehmen, kommt einer schleichenden Entmündigung gleich. Wenn sie ihre persönlichen Angelegenheiten nicht mehr in der Hand haben, werden bald auch ihr Wille und ihre Wünsche nicht mehr angemessen berücksichtigt. Dies ist der Preis der Überfürsorge.

Egal, wie viele Jahre wir auf dem Buckel haben, wir können uns in den meisten Fällen weiterhin nützlich und produktiv fühlen – und vor allem können wir selbstständig genug bleiben, um das, was uns angeht, nach unseren eigenen Vorstellungen zu regeln. Wobei es natürlich durchaus Abstufungen geben darf. Vielleicht kommen wir, nachdem wir viele Jahre für unsere Eigenständigkeit gekämpft haben, zu dem Schluss, dass eine gewisse Entlastung uns guttäte. Dann suchen wir nach einem Mittelweg, der Autonomie und Unterstützung kombiniert. Die Ungewissheiten des Lebens kennen wir ja inzwischen zur Genüge, und wir wissen, was für eine gewaltige Erleichterung es bedeutet, sich die Fürsorgearbeit zu teilen. Darum fühlen wir uns am wohlsten in einer Gemeinschaft, die auf gegenseitige Hilfe baut. Jetzt können wir unabhängig sein in dem Sinn, dass wir unser tägliches Leben nach eigenen Wünschen und in unserem eigenen Tempo gestalten, und uns zugleich gut aufgehoben fühlen im Netz der Freundschaften und Zwischenmenschlichkeit, das wir über lange Jahre geknüpft haben. Wir genießen das emotionale Vertrauen, das uns Bindungen und Beziehungen geben. Verloren sind wir erst, wenn wir uns der liebenden Fürsorge unserer Kinder überlassen.

Zu keinem Zeitpunkt im Leben – solange wir geistig dazu in der Lage sind – sollten wir unsere persönlichen Angelegenheiten aus der Hand geben. Es war nicht leicht für uns, uns als eigenständige Wesen zu begreifen und von dieser Erkenntnis aus die Themen anzugehen, die für unseren Alltag wirklich entscheidend sind: erstens, wie wir unser Leben mit Sinn erfüllen können; zweitens, wie wir in den Situationen verfahren, in denen unsere Handlungs- und Entscheidungsfähigkeit gefordert ist; und drittens, wie wir unsere Unterstützungsnetze pflegen und ausbauen können. Drei Achsen, um uns gegen ein zur Bedeutungslosigkeit verdammtes Leben zu wehren. Sobald wir uns darauf einlassen, ist dies ein Weg ohne Wiederkehr. Er führt durch ein selbstbestimmtes, interessantes Leben, und auf ihm sind unsere Ziele und unsere Werte fest verbunden. In unseren persönlichen Angelegenheiten entscheiden wir selbst: Finanzen, Wohnsituation, Gesundheit, Sexualität, Gemütszustand, Alltagsorganisation. Wir sollten gar nicht erst damit anfangen, diese Angelegenheiten aus der Hand zu geben (es sei denn, wir stellen eine Assistentin ein, die das eine und andere in unserem Sinn verwaltet).

Wir Alten wollen freie Lebewesen sein, die ihre eigenen Entscheidungen treffen und nicht alles passiv hinnehmen. Wir wollen selbst am Ruder stehen, wollen das *Was*, das *Wann* und das *Mit wem* in unserem Leben unter Kontrolle behalten und aktiv die besten Lösungen aushandeln, sowohl mit den Menschen um uns herum als auch mit uns selbst.

Eine wichtige Frage zu jeder Zeit, aber erst recht von entscheidender Bedeutung, wenn wir alt sind, ist, ob wir Geld haben. Unsere Chancen auf ein gut geregeltes Alltagsleben hängen ganz wesentlich von unseren finanziellen Möglichkeiten ab. Im Alter wird die Kluft zwischen Reich und Arm endgültig existenziell;

auch weil es ja fast unmöglich ist, als alter Mensch noch etwas zu verdienen. (Wenn wir unseren Verstand und unser angesammeltes Wissen geschickt einsetzen, können wir uns allerdings noch ein paar Einnahmequellen erschließen, auch über Babysitting oder Enkelkindbetreuung hinaus. Zudem sollten wir auf gesellschaftlicher und gesetzgeberischer Ebene die Möglichkeiten ausweiten, nach dem Eintritt ins Rentenalter am Arbeitsmarkt teilzuhaben. Die uns zustehenden Altersbezüge sollten dabei unantastbar sein, es sollte alleine um das individuelle Wohlbefinden gehen, als eine Wahl, die wir haben.)

Freiheit im Alter bedeutet Geld. Die Frage, ob wir davon genug haben, müssen wir deshalb sehr ernst nehmen, sie ist von viel größerer Bedeutung, als wir in jungen Jahren dachten. Im Namen der Liebe hörten wir auf zu arbeiten und trafen für die Zukunft keine Vorkehrungen. Das schien ja alles so weit weg zu sein. In dieser Angelegenheit haben wir Frauen als Kollektiv nicht klug und weitsichtig gehandelt. Es ist uns immer schwergefallen, unsere eigene Arbeit unter wirtschaftlichen Gesichtspunkten zu betrachten, einen Preis dafür auszuhandeln, überhaupt über Geld zu reden. Da geht es uns ähnlich wie mit dem Sex – von unseren Lüsten und Leidenschaften trauen wir uns gar nicht erst zu sprechen, weil wir auf keinen Fall mit solchen Schreckgespenstern wie Prostitution in Verbindung gebracht werden wollen. Mit diesem Gewerbe assoziieren wir in gewisser Weise auch das Thema Geld, und das löst eine folgenschwere Blockade in uns aus, sobald wir für etwas, das wir tun, einen Preis nennen sollten.

Geld im Alter verleiht uns Macht und Autonomie. Es verhilft uns zu einem angenehmeren Alltag, erleichtert es uns, Ziele zu erreichen, uns Wünsche zu erfüllen und einen Beitrag zum Wohl der Familie zu leisten. Wenn wir über unser eigenes Geld verfügen, um das wir niemanden bitten oder fragen müssen, können wir es auch in uns selbst investieren: in die Behaglichkeit unserer

Wohnung, in unsere Träume oder als Belohnung für all die harte Arbeit, die wir ein Leben lang geleistet haben. Wir können klug und eigenständig damit haushalten. Tatsache ist jedoch, dass ein hoher Prozentsatz alter Frauen unter der Armutsgrenze lebt. Arm und abhängig, das ist eine sehr ungute Kombination.

Egal, wie wenig Geld wir haben, noch schlimmer wird es uns gehen, wenn wir nicht aufpassen. Dann nämlich lassen wir zu, dass im Namen der Liebe, der Effizienz oder der Welt von heute, die wir angeblich nicht mehr verstehen, andere über unsere Finanzen entscheiden und uns das Blaue vom Himmel versprechen. Eins der hartnäckigsten und schädlichsten gesellschaftlichen Vorurteile gegen alte Menschen ist jenes, dass wir unfähig seien, mit unserem Geld eigenständig umzugehen. Als hätten wir nicht gerade in dieser Hinsicht im Lauf unseres Lebens Wunder vollbracht, gegen die selbst das mit Brot und Fisch aus der Bibel verblasst. Es gibt viele, sehr viele alte Frauen, die eigentlich Geld haben, aber am Ende mit nichts dastehen, weil es in einer nicht aufzulösenden Kapitalanlage feststeckt. So haben es die lieben Kinder beschlossen, um daraus ein Vermögen für sich selbst anzuhäufen oder weshalb auch immer – jedenfalls nicht zu deinem Nutzen, obwohl es doch dein Geld ist, das dir bis auf den letzten Cent zusteht. Vielleicht verkaufen sie auch noch deine Wohnung, sodass du dann abwechselnd bei ihnen unterschlüpfen musst, was wirklich das Letzte ist. Wir mögen arm sein, aber blöd sind wir nicht. Nutzen wir die Chance, etwas zu tun, was wir bisher nicht getan haben: Finden wir heraus, wie viel Geld wir haben, und machen wir uns damit aus dem Staub.

Initiativen

› Habe Projekte, persönliche Ziele und Wünsche, die du dir erfüllen willst.

› Tu weiter die Dinge, die du immer getan hast. Wahre die Kontinuität deines Lebens, solange du kannst.

› Führe einen Terminkalender. Sei nicht immer erreichbar. Such dir aus, wie und womit du deine Zeit verbringst. Lass deine Mutterliebe nicht überhandnehmen.

› Mach dir Listen mit den Dingen, die du zu erledigen hast, und hake sie nach und nach ab.

› Setze deine Grenzen durch – die deines Raums und die deiner Zeit. Lerne, Nein zu sagen und auch dabei zu bleiben.

› Versuche, nicht öfter um Hilfe zu bitten als nötig.

› Lass nicht zu, dass andere für dich Dinge tun, die du sehr gut selbst erledigen kannst. Sonst wirst du entwertet und entmündigt.

› Gib deine persönlichen Angelegenheiten nicht aus der Hand, sondern regele sie selbst, solange du es kannst: Bank, Steuern, Nachbarschaftsverein, Autowerkstatt … Wenn dir wirklich etwas zu unübersichtlich oder zu lästig wird, such dir professionelle Hilfe. Du weißt ja: Wer zahlt, bestimmt die Musik.

› Für praktische Probleme, die du nicht alleine lösen kannst, gibt es meistens Hilfsangebote in deiner Nachbarschaft, bei deiner Bank oder auch beim Amt.

› Verwalte dein Vermögen selbst, egal, ob es viel oder wenig ist. Behalte den Überblick über deine Finanzen. Mach mit deinem Geld, was du willst (das geht andere auch nichts an).

› Überlege, wie du dir etwas dazuverdienen kannst. Vielleicht kannst du ein Zimmer in deiner Wohnung vermieten oder einen Autostellplatz, den du nicht nutzt. Lass deine Kinder ruhig für deine Dienstleistungen zahlen (Enkelkinder abholen,

Betreuung, Mahlzeiten), und sei es nur ein bisschen. Damit sparen sie immer noch, und für dich sind es ja tatsächlich Kosten.

› Bringe deinen Töchtern und Enkelinnen bei, über Geld nachzudenken, ihre eigene Arbeit wertzuschätzen und dafür eine Entlohnung zu verlangen. Vermittle ihnen auch den Wert des Sparens und wie wichtig ein Plan B für den Fall der Fälle ist.

› Mach deinen Enkelinnen Mut, sich etwas zuzutrauen – auch, zum Beispiel, beim Autofahren. Sie sollen die Schlüssel zu ihrem Fahrzeug nicht weitergeben. Damit ersparen sie sich eine Menge Ärger und kommen sicherer nach Hause.

› Wirf nicht das Handtuch, bis dein Stündlein schlägt. Bewahre deine Würde und fordere das auch von anderen ein.

Ein Ort zum Leben

Wo wir vom eigenständigen Handeln sprechen: Es ist eine alles andere als unwichtige Frage, ob wir frei darüber entscheiden können, wo, wie und mit wem wir leben – erst recht in diesem Lebensabschnitt, in dem unsere persönlichen Wünsche Vorrang haben sollten. Wenn nicht jetzt, wann dann?

Wir müssen unsere Entscheidungen beizeiten treffen, damit unsere Kinder uns nicht zuvorkommen (natürlich mit den besten Absichten, aber auch völlig ahnungslos): Sie machen sich keinen Begriff davon, wie sehnlich unsere Wünsche sind. Wir sehen ja ein, dass die Interessen und Bedürfnisse unseres dauergestressten Nachwuchses vielfältig und unbedingt gerechtfertigt sind. Wenn wir aber nicht mehr alleine für uns sorgen können, wollen die meisten von uns auf keinen Fall, dass unsere Kinder uns reihum bei sich unterbringen. Ohne ein eigenes Zuhause verlieren wir das Gedächtnis und die Orientierung, büßen unsere Privatsphäre und unsere Sexualität ein, sind häufig auch unser Geld los – und müssen stattdessen von morgens bis abends für alles Mögliche um Erlaubnis bitten.

Grundsätzlich wollen wir, solange es geht, in unserer eigenen Wohnung leben, mit den nötigen Hilfen und Regelungen, damit für niemanden eine übermäßige Belastung entsteht. Deshalb hoffen wir, dass die Krankenkassen ihre Angebote für die häusliche Pflege weiter ausbauen und verbessern. Es kann allerdings auch vorkommen, dass wir uns ohne Druck von außen für den Umzug in ein Pflegeheim entscheiden – immer vorausgesetzt, dort herrschen nicht die erschütternden Zustände, wie sie während der Corona-Pandemie in vielen dieser Einrichtungen zutage getreten sind. Das Heim muss aber die von uns selbst gewählte Option sein, mit der Garantie, dass dort unsere Eigenheiten und Wünsche respektiert werden. Keine Frage also: Wir sollten uns Gedanken darüber machen, wie wir unseren unmittelbaren Lebensraum anpassen können, um unsere Vorlieben und Bedürfnisse nicht aufgeben zu müssen, auch wenn sich die Anforderungen für unseren Alltag ändern.

Weil dieses wichtige Thema auf individueller, kollektiver und gesellschaftlicher Ebene zu sehr verdrängt wird, bestehen für das Leben im Alter Modelle fort, die Lichtjahre von unseren eigenen Vorstellungen entfernt und uns tief zuwider sind. So, wie wir uns früher mit unseren Freundinnen über Zumutungen des Arbeitslebens, Fragen der Kindererziehung und anderes ausgetauscht haben und uns dank dieser Gespräche nicht allein mit unseren Problemen fühlten, so sollten wir auch als alte Frauen Ideen und Strategien für Alltagsbewältigung und Gemeinschaftlichkeit miteinander teilen.

Wo können wir im Alter leben? Zwei Faktoren bestimmen die Antwort auf diese Frage: unser Gesundheitszustand und unsere finanzielle Situation. Angenommen, wir verfügen über die nötigen Mittel, um wirklich die Wahl zu haben, bleibt dennoch vieles unvorhersehbar, zumal uns die Covid-19-Krise vor Augen geführt hat, wie folgenschwer die Entscheidung sein kann.

Mittlerweile werden diverse Modelle der Alltagsorganisation erprobt, bei denen alte Menschen zwar in Gemeinschaft leben, dabei aber ihre Unabhängigkeit und individuelle Freiheit bewahren. Dass solche Angebote florieren, ist schon einmal eine gute Nachricht. Hoffen wir, dass sie gut durchdacht sind und dass sie ihre Zielgruppe auch wirklich respektieren. Als Alternative zu den herkömmlichen Wohnsituationen im Alter – als Paar, allein, im Heim, bei den Kindern – werden unterschiedliche Formen der Alters-WG immer beliebter.

Viele schwesterliche Bündnisse und Formen der praktizierten Solidarität unter Frauen haben wir in unserem langen Leben erprobt, und darum träumen wir von der Möglichkeit, auch in einer Gemeinschaft von Frauen alt zu werden. Zum Beispiel, indem zwar jede ihre eigene Wohnung hat, wir aber im selben Viertel oder im selben Häuserblock wohnen; auf verschiedenen Etagen desselben Hauses; oder zusammen in einer großen Wohnung, aber jede mit einer Tür, die sie schließen kann, wenn sie alleine sein möchte. Und jedenfalls mit dem Willen, uns die anfallenden Pflegeaufgaben zu erleichtern, denn wir wissen, wie wunderbar Freundschaft gedeiht, wenn wir Nachbarinnen sind. Die räumliche Nähe ermöglicht es uns, einander auf vielfältige Weise zu helfen.

Jede Antwort auf die Frage nach dem Ort, an dem wir den letzten Abschnitt unseres Lebens verbringen möchten, erfordert eine Ethik, die in dieser Frage kein lästiges, möglichst rasch irgendwie zu lösendes Problem sieht, sondern unser Recht auf ein Dasein in Würde bis zum Schluss. Denn wir werden ja alle, ausnahmslos, an diesen Punkt gelangen. Dass wir ihn mit Würde erreichen, liegt in der Verantwortung der Gesellschaft. Deshalb sollte der Staat in Abstimmung mit den alten Menschen selbst – denn wir haben das Know-how – Modelle entwerfen, entwickeln und auch finanzieren, die es uns erlauben, im Alter angenehm zu leben.

Eine Gemeinschaft, die sich einen verantwortungsvollen Umgang mit ihren ältesten Mitgliedern auf die Fahnen schreibt, überwindet die Armut und den Jammer des Alters, da sie bei der Zuteilung öffentlicher Unterstützung Fairness und Freundlichkeit walten lässt.

Daheim wohnen

Es ist der Wunsch vieler Menschen, im Alter in der eigenen Wohnung und in der ihnen vertrauten Umgebung zu leben, solange ihr Gesundheitszustand und ihre Kräfte es erlauben. Zudem – das hat sich aber noch kaum herumgesprochen – leben viele ältere Frauen durchaus gerne allein. Es gefällt ihnen, sich ihre Zeit und ihr Geld selbst einzuteilen, die Wohnung ganz nach ihrem Geschmack einzurichten, nun, da sie nicht mehr für das Wohlergehen der Familie zuständig sind, nicht mehr schauen müssen, wo für sie selbst noch ein Stündchen oder ein Eckchen bleibt, nun, da sie selbst die Fernbedienung in der Hand haben und im bequemen Sessel sitzen, ohne alle Verpflichtungen außer denen, die sie selbst wählen. Sie wollen sich nicht mehr kümmern, stattdessen lernen sie, so schwer es ihnen fällt, auch mal gar nichts zu tun. Und dass sie allein leben, heißt nicht, dass sie isoliert sind – dank der Freundschafts-Netzwerke, die sie geknüpft haben.

Für die große Mehrheit der Frauen ist ihr Zuhause ein fundamentaler Bestandteil für das Gefühl der eigenen Vollständigkeit. Das Zuhause bildet den Raum, in dem ihr Ich lebt. Es kann daher nicht verwundern, dass ein immer wiederkehrender Wunsch der Veteraninnen lautet, in ihrer Wohnung alt zu werden – dort, wo sie von den Möbeln und Gegenständen umgeben sind, an denen sie hängen, wo sie in Erinnerungen schwelgen und sich zugleich in Zeit und Raum weiter gut zurechtfinden. Hinzu kommen die Nachbarinnen, mit denen sie sich mehr oder weniger gut verstehen, und die Geschäfte im Viertel, wo sie Stammkundinnen sind. Ist nicht höhere Gewalt im Spiel, wird sich eine alte Frau, die ihr eigenes Umfeld und die nötigen Mittel hat, weder dafür entscheiden, ihre letzten Lebensjahre im Haus einer Tochter oder eines Sohnes zu verbringen, noch in ein Pflegeheim zu gehen. In der Regel zieht es die gealterte Nachkriegsgeneration vor, dort zu bleiben, wo sie sich heimisch fühlt, sei es in der Stadt oder auf dem Land. Wir wünschen uns, eines Tages daheim zu sterben, ohne Maßnahmen, die unser Leben künstlich verlängern; wir hoffen auf einen ruhigen Tod, bei Bewusstsein und in Frieden; nah bei allem, was uns am Herzen liegt.

Zu Hause alt zu werden, erfordert einen Raum, in dem wir für uns selbst sorgen, uns wohlfühlen und ohne Schwierigkeiten mit anderen Menschen in Kontakt treten können. Um so lange wie möglich dortzubleiben, ob allein oder zusammen mit jemand anders, der ebenfalls sehr alt ist, müssen wir uns gute Lösungen einfallen lassen und vor allem rechtzeitig darüber entscheiden, welche Anpassungen unser Wohnraum braucht, damit wir es bequem haben – vor allem, was die Barrierefreiheit betrifft: Gibt es einen Fahrstuhl oder einen Treppenlift? Rampen? Eine ebenerdige Dusche?

Damit wir ohne Angst und in Freiheit, auch unabhängig von unseren Kindern, sofern wir welche haben, entscheiden können, wo und wie wir unsere letzten Lebensjahre verbringen, ist es außerdem unabdingbar, dass die Gesellschaft funktionierende, erschwingliche und flächendeckende Sozialdienste bietet. Besonders wichtig sind differenzierte Angebote zur häuslichen Pflege, die mehr als nur Reinigung und Essen auf Rädern umfassen. Es sollte die Möglichkeit geben, sich zu Ärzt*innen- und Kosmetikterminen begleiten zu lassen, aber auch, sofern gewünscht, zu religiösen, sozialen oder kulturellen Veranstaltungen. So könnten alleinstehende alte Frauen hinreichend bequem leben, mit Würde und ohne zu vereinsamen; sie würden sich nicht im Stich gelassen fühlen und als Teil der Gemeinschaft sichtbar bleiben.

Ein kompetenter und qualifizierter Pflegedienst macht es den Alten sehr viel leichter, weiter zu Hause zu leben und dabei aktiv zu bleiben und so lange wie möglich die Verantwortung für sich selbst zu behalten. Auf diese Weise können wir uns auch von dem Bild befreien, dass wir Alten ständig jammern oder krank sind – denn dann ist das Klagen und Fordern nicht mehr der einzige Ausweg aus der Verlassenheit.

Die diversen Rechte, die uns das Pflegegesetz zubilligt, können nur gewahrt bleiben, wenn der Sektor finanziell hinreichend ausgestattet ist. Für unsere Unabhängigkeit und Selbstachtung sind zum Beispiel Begegnungsstätten wichtig, wo wir den Tag mit anregenden, kreativen und sinnstiftenden Tätigkeiten verbringen können – und nicht Orte, die nur dumpfe, entfremdende Zerstreuung bieten. Unverzichtbar sind barrierefreie und bezahlbare öffentliche Verkehrsmittel. Perfektioniert werden sollten auch die telefonischen Hilfsangebote im Sinne einer geduldigen und sorgfältigen Ansprache. Von ganz wesentlicher Bedeutung ist der Zusammenhalt der Nachbarschaft, sofern er mit einer Sensibilität für die Bedürfnisse alter Menschen einhergeht. Solche Erwägungen haben nicht zuletzt das Potenzial, das Verhältnis zwischen den Generationen erheblich zu verbessern – und viele neue Arbeitsplätze zu schaffen.

Für all dies, aber auch für Dienste wie Essen auf Rädern (warm und von guter Qualität), Wäschereien, Fitnessangebote, medizinische Betreuung, die Bereitstellung von Gehhilfen und anderen Sanitätsartikeln gilt: Es funktioniert nur dann gut, freundlich und fürsorglich, wenn die Beschäftigten erträgliche Arbeitsbedingungen haben, faire Löhne erhalten und ein der Verantwortung, die sie tragen, entsprechendes soziales Ansehen genießen. Deshalb sollte die öffentliche Hand in diesen Bereichen selbst Arbeitgeberin bleiben und sie nicht, wie in den letzten Jahrzehnten vielfach geschehen, an Privatunternehmen oder gar Zeitarbeitsagenturen auslagern. Denn deren Interesse ist nicht gute Versorgung, sondern Profit. Und es ist ja kein Geheimnis, dass sich mit den im Alter zunehmenden gesundheitlichen Komplikationen ab einem gewissen Punkt wirklich kein Geld mehr verdienen lässt – zumindest dann nicht, wenn bei den komplexen Aufgaben der Pflege das nötige Feingefühl und die unabdingbare Sorgfalt gewährleistet werden sollen.

Wir brauchen eine Gesellschaft, die die Sorge für die Kinder als Schlüsselelement für das Gemeinwohl begreift. Aber nur eine Gesellschaft, die sich aus ebendiesem Grund genauso sehr um ihre Alten kümmert und ihnen ein sinnerfülltes Leben bis zum letzten Moment ermöglicht, achtet den Menschen vom Tag seiner Geburt bis zum Tag seines Todes. Babys sind tatsächlich unproduktiv – sie haben immerzu unaufschiebbare Bedürfnisse, müssen gewaschen, ernährt und in den Schlaf gewiegt werden; ihre Gesundheit und Entwicklung erfordern ständige Aufmerksamkeit. Aber für sie sorgen wir gerne, weil wir in ihnen die Zukunft sehen. Warum fällt es uns dann so schwer, Menschen am Ende ihres Lebens dafür zu würdigen, dass sie die Vergangenheit sind – und für die Gemeinschaft und die Gesellschaft Enormes geleistet haben? Ist nicht das Recht auf Pflege ein Menschenrecht, das im Rahmen eines staatlichen Pflegesystems verwirklicht werden sollte? Wir fordern eine Gesellschaft, die ihren Umgang mit alten Menschen an diesem Recht ausrichtet, und zwar auf Grundlage einer durchdachten politischen Agenda und nicht allein aus der Perspektive der Hilfsbedürftigkeit. Denn diese Verengung lädt zu vielerlei Missbrauch ein, sowohl bei denen, die Hilfe anbieten, als auch bei jenen, die sie in Anspruch nehmen. Denken wir darüber nach.

Um unabhängig und selbstständig alt werden zu können, brauchen wir ein Umfeld, in dem die dafür nötigen Maßnahmen bereits getroffen wurden. Eine altersfreundliche Gesellschaft fördert körperliche und soziale Aktivitäten und ermöglicht uns ein besseres Leben. Sie stellt genügend finanzielle Mittel bereit, um die Bereiche, in denen wir die meiste Zeit verbringen, entsprechend auszustatten: die Wohnung, die Nachbarschaft, die Straße und den Nahverkehr. Sie schafft Sicherheit überall da, wo bisher Gefahren lauern. Ohne Weiteres könnte eine Stadt die unzähligen Hindernisse und Risiken beseitigen, mit denen wir konfrontiert sind, sobald wir nicht mehr leichtfüßig durchs Leben springen. Ohne Weiteres lassen sich Bedingungen herstellen, unter denen wir Alten am öffentlichen Raum teilhaben, aus dem Haus gehen, Kontakte pflegen, die Traurigkeit verscheuchen, Sport treiben, unsere Beweglichkeit verbessern, Licht, Sonne und Schatten genießen können.

Zu den Qualitäten der lebenswerten Stadt, die wir uns wünschen, zählen Straßen, die wir bequem überqueren können, ohne uns irgendwie zwischen Autos, Rädern und Rollern hindurchschlängeln zu müssen, gut angebundene Freizeiteinrichtungen und saubere öffentliche Toiletten in großer Zahl. Bus und Bahn müssen erschwinglich, sicher und mit Rücksicht auf diejenigen konzipiert sein, die nicht mehr sehr beweglich oder eben im Tempo von 80-Jährigen unterwegs sind. Barrierefreier Einstieg, Halt auf Wunsch, auch wenn es gerade nicht an einer Haltestelle ist. In dieser Stadt gibt es breite Gehwege, genug Parks und Grünflächen, Sitzbänke, Geländer zum Festhalten, reichlich Schatten und Brunnen mit Trinkwasser. Dafür keine losen Pflastersteine – Zebrastreifen, die für alle sicher sind: ob mit Kinderwagen, mit Gehstock, im Rollstuhl, mit Seh- oder Hörbehinderungen oder anderen Herausforderungen. Die Straßen sind so gut beleuchtet, dass wir uns sicher fühlen und uns auch im hohen Alter elegant in ihnen bewegen können. Im Vordergrund steht die Autonomie der Menschen, die zu Fuß gehen: Sie haben Vorrang. Eine lebenswerte Stadt, in der es – wie die legendäre Architekturkritikerin Jane Jacobs (*Tod und Leben großer amerikanischer Städte*) sagen würde – »Augen auf der Straße« gibt und eine achtsame Bevölkerung dafür Sorge trägt, dass auch die Alten Teil des öffentlichen Lebens bleiben.

Die altersfreundliche Stadt setzt auf Inklusion, Vielfalt und Barrierefreiheit, sodass sich uns eine ganze Palette an Wohnmöglichkeiten, Mobilitätsangeboten und hilfreichen Dienstleistungen eröffnet. Über diese Möglichkeiten müssen wir gut informiert sein, denn sie bilden die entscheidende Unterstützung, damit wir im Alter eigenständig bleiben können. Der WHO-Leitfaden *Age-Friendly Cities* von 2007 hebt acht Bereiche hervor, in denen Gemeinden ihre baulichen Gegebenheiten und Dienstleistungen an die Bedürfnisse älterer Menschen anpassen sollten: Aufenthaltsorte im Freien, Verkehr, Wohnen, soziale Teilhabe,

Respekt und Inklusion, Bürger*innenbeteiligung und Arbeitsmarkt, Kommunikation und gegenseitige Hilfe in der Gemeinschaft sowie Gesundheitsdienste.

Eine Stadt, die an ihre Alten denkt, wird auf die Bedürfnisse vorbereitet sein, die sich ergeben, wenn wir weiter zu Hause leben wollen. Sie wird die verschiedenen Dienste bereitstellen, die wir mit den Jahren brauchen, wird die nötigen Anpassungen in unseren Wohnungen fördern, aber selbstverständlich auch neue Orte schaffen, wo wir unterkommen können, wenn wir nicht mehr imstande sind, daheim zu wohnen.

Eine Stadt oder Umgebung, die verantwortungsvoll durchdacht ist, trägt dazu bei, Krankheiten im Alter zu reduzieren, Behinderungen vorzubeugen und Schwächen abzufangen. Sie ist für die körperliche und emotionale Gesundheit förderlich, indem sie es den Alten erlaubt, ihr Leben zu genießen und aktive, eigenständige Mitglieder der Gesellschaft zu bleiben. Manchmal reichen schon ein paar kleine Veränderungen in der Wohnung aus, um unsere Unabhängigkeit zu wahren.

Die Nachbarschaft als soziale Gemeinschaft und die Möglichkeiten, sich im Stadtviertel zu engagieren, können wichtige Faktoren sein, vorausgesetzt, es stehen in unmittelbarer Nähe Geschäfte und Einrichtungen zur Verfügung, die dem alltäglichen Austausch dienlich sind, sodass wir ein Gefühl der Kontinuität und der Zugehörigkeit haben. Nachbarschaftliche Verbundenheit oder Verbindlichkeit baut auf unausgesprochenen Regeln der gegenseitigen Hilfe auf. Diese bringen eine bedeutende Form des sozialen Kapitals hervor, die weitreichende Auswirkungen auf unsere Lebensqualität, unser persönliches Wohlbefinden und unser Gefühl von Sicherheit hat. Sie summieren sich zu einer Vielfalt von Unterstützungsformen in unserem nahen Umfeld und verhindern, dass wir uns unbedeutend, unsichtbar, entbehrlich vorkommen.

In immer mehr Städten reift tatsächlich ein Bewusstsein dafür, dass sie ihr Erscheinungsbild wandeln müssen, um den Bedürfnissen einer immer älteren Bevölkerung gerecht zu werden. Aber wir wissen ja, dass Veränderungen im größeren Stil meist zu langsam vonstatten gehen und obendrein immer der Initiative und dem Einfallsreichtum einzelner Menschen geschuldet sind, die dafür oft auch noch viel Geld aufwenden müssen.

Eine liebenswerte Stadt hat eine dankbare und achtsame Einwohnerschaft, welche die diversen Rechte und Vorzüge mit einer Eleganz genießt, als würde es sich tatsächlich um Geschenke handeln.

Im Heim wohnen

Es gibt alte Menschen, die es an einem mehr oder weniger kritischen Punkt ihres Lebens vorziehen, in ein Heim zu ziehen – um der Familie nicht zur Last zu fallen und eine praktische Lösung für die Bewältigung ihres Alltags zu finden. Sie wollen nicht das Gefühl haben, überzählig zu sein. Sie treffen ihre Wahl im Glauben, sie würde ihnen Raum für ihre Eigenständigkeit lassen (was dann oft nicht der Fall ist) und ihnen erlauben, sich einen Teil ihrer Unabhängigkeit zu bewahren.

Daneben gibt es jene, die sich nicht wirklich selbst für das Heim entscheiden, sondern sich von der Familie, aus welchen Gründen auch immer, dazu überreden lassen. Und wieder andere sind zu einem eigenen Entschluss außerstande, weil ihnen die Familie entweder gar keine Wahl lässt oder weil sie sehr pflegebedürftig sind oder aus anderen Gründen.

Wir sprechen hier über eine große und vielfältige Bevölkerungsgruppe.

Sie umfasst Menschen, die durchaus noch für sich selbst sorgen können, weiterhin ein engagiertes und selbstbestimmtes Leben führen und keine spezielle klinische Betreuung benötigen. Aber auch Menschen, die im Gegenteil bei allem Hilfe brauchen, weil sie im Kopf schon weit weg sind – die aber trotzdem Vorlieben, Bedürfnisse und Wünsche haben und diese äußern können, wenn es jemanden gibt, der ihrer *besonderen* Sprache zuhört.

Meiner Meinung nach sollten nur Menschen mit sehr hohem Pflegebedarf, die es zu Hause wirklich nicht mehr schaffen, in Heimen untergebracht werden. Wäre unsere Gesellschaft klug, so würde sie alles tun, um ihren Alten das Leben zu Hause zu erleichtern, zumal die Unterbringung im Heim sehr kostspielig ist. Gerade angesichts der demografischen Entwicklung sollten staatlicherseits alle Maßnahmen ergriffen und Mittel bereitgestellt werden, damit wir Alten so lange wie möglich gefahrlos und ohne Verlust an Lebensqualität in unseren Wohnungen bleiben können.

Zu den größten Problemen beim Einzug in eine Altersresidenz zählt die Entpersönlichung. Zwar wird uns vorher versichert, wir würden dort so leben wie zu Hause, doch in der Praxis kann davon keine Rede sein. Die standardisierten Abläufe in diesen Einrichtungen lassen eine wirklich individuelle Behandlung gar nicht zu. Wenn wir in ein Heim ziehen, werden wir zu Menschen, deren Vergangenheit, Interessen, Ängste und Abneigungen, Vorlieben und Marotten niemand kennt. Mit uns wird genauso umgegangen wie mit den anderen Bewohner*innen (in einem seltsamen und pervertierten Sinn von Gleichbehandlung), als hätten wir alle identische Bedürfnisse und Hintergründe, so wie wir alle Runzeln und weiße Haare haben. Auf diese Weise entpuppt sich das Heim als das Gegenteil von einem Ort zum Leben, wo die Eigenheiten der einzelnen Person geachtet und der menschlichen Vielfalt Rechnung getragen werden. So sehr schert unsere Gesellschaft alle Alten über einen Kamm, dass wir ab 60 oder 65 Jahren zu einer abstrusen Ganzheit zusammengefasst werden. Drei oder gar vier Jahrzehnte unter einem Hut, als wäre es Jacke wie Hose, ob wir 66 sind, 80 oder 95; als würden wir eh alle das Gleiche brauchen, konsumieren, reden.

Die realen Zustände in den Heimen sind oft Lichtjahre entfernt von den so gerne beschworenen Modellen – etwa das der

Person-zentrierten Pflege –, welche die Achtung vor der Einzigartigkeit des Individuums, seiner persönlichen Geschichte und seinen Eigenheiten in den Mittelpunkt der institutionellen Arbeit stellen. Die Person-zentrierte Pflege betrachtet den alten Menschen nicht als eine Summe von Defiziten, die zu versorgen sind, sondern anhand seiner verbliebenen Fähigkeiten. Diese werden als Hebel genutzt, um die Kontrolle über das eigene Leben und Wohnen zu erhalten. Eine gewissenhafte, zugewandte Betreuung soll die Lebensqualität wahren. Denn wir sind keine Herde von Wesen ohne eigene Interessen, sondern lauter einzelne Menschen mit ihrem eigenen Charakter, ihrer Geschichte, ihren Bedürfnissen und Wünschen. All das erschließt sich aber nur durch Zuhören, durch Zuwendung und durch Achtung vor denen, die wir waren und sind.

Natürlich wissen wir, dass nicht alle Heime gleich sind und dass sie sehr verschiedene Formen der Unterbringung anbieten. Manche wirken wie Nachtasyle, andere wie Krankenhäuser, wieder andere wie hochklassige Hotels oder wie Gefängnisse oder wie Wohnheime für ewige Studierende. So oder so lassen sie sich jedoch kaum in etwas verwandeln, das unserem bisherigen Zuhause ähnelt. Aber ja, als Erstes sollten wir klären, was wir meinen, wenn wir von einem Heim sprechen. Stellen wir uns einen hotelähnlichen Komplex vor, in dem wir unterschiedliche Dienste nach Belieben in Anspruch nehmen, jederzeit ein und aus gehen können und selbst den Schlüssel für unser Zimmer haben? Oder ein betreutes Wohnen, wo wir weiterhin über eine Küche und eine Waschmaschine verfügen und auch wieder über unseren eigenen Schlüssel, zugleich aber ärztliche Versorgung, Reinigung, Speisesaal, Wäscherei und Transportmittel bei Bedarf für das ganze Kollektiv bereitstehen? Oder eine Wohngemeinschaft, in der Menschen, die alleine zurechtkommen, zusammenleben mit welchen, die viel oder sogar vollständige Pflege benötigen? Oder reden wir von Parkhäusern für Alte, wo sie zu gehorchen haben, ohne dass ihnen zugehört oder geantwortet wird (*die kriegen ja eh nichts mehr mit*)? Soll das Heim medizinisch ausgestattet sein, einem Krankenhaus ähneln? Was für eine Unterbringung brauchen oder wollen wir Alten?

Das sind keine einfachen Fragen und auch nicht wirklich das Thema dieses Buches. Aber spätestens während der Pandemie haben die teils entsetzlichen Zustände gezeigt, dass wir die Entscheidung nicht dem Zufall und den Sektor nicht – wie zuletzt in immer erschreckenderem Ausmaß geschehen – der Privatwirtschaft überlassen sollten. Ein gewinnorientiertes oder gar börsennotiertes Unternehmen ist nicht geeignet, um Leitlinien für Einrichtungen zu entwickeln, die sich pflegebedürftigen Menschen widmen. Denn ein gutes Pflegeheim braucht motiviertes und wertgeschätztes Personal, muss eine ausgewogene, gut zubereitete und gesunde Küche bieten, sich für die intellektuelle, kulturelle und emotionale Anregung seiner Bewohner*innen verantwortlich fühlen und eine auf die einzelne Person zugeschnittene Betreuung gewährleisten, bis hin zu den bei Tag oder Nacht benötigten Windeln. Dafür aber muss die Altenpflege als moralische Pflicht einer Gesellschaft aufgefasst werden und nicht als etwas, womit sich Geschäfte machen lassen.

Tatsächlich finden sich in vielen Teilen der Welt und auch bei uns heute interessante und neuartige Konzepte für Altersheime, bei denen die Stimmen und Wünsche der Bewohner*innen in den Mittelpunkt gestellt werden. Sie fördern unsere Freiheit und eigene Initiative, sie achten unsere Vorlieben und auch unsere Ticks, sie regen unsere Kreativität, unsere emotionale und (wenn wir wollen) sexuelle Ausdruckskraft an, stiften Gemeinschaft und setzen auf ein lebenswertes Leben bis zur letzten Minute. Suchen wir danach.

Alte Netzwerkerinnen

Wenn wir die negativen Seiten des Altwerdens betonen, übersehen wir leicht einen Aspekt, der das Leben im Alter sogar besser machen kann als zuvor: den Bereich der psychosozialen, der zwischenmenschlichen Kompetenz. Je älter wir werden, desto wichtiger wird die Frage nach unserem Umfeld, nach unserer Einbindung in eine Gemeinschaft. Wir sind glücklicher im Alter, wenn wir mit anderen in einem anregenden, bereichernden Austausch stehen. Wir Menschen sind Wesen, die Netzwerke knüpfen: Unser ganzes Dasein spielt sich in Beziehungen zu anderen Menschen ab; ohne sie können wir uns nicht entwickeln. Unsere Verbindungen miteinander sind es, die unserem Leben Struktur und Sinn geben. Sie sind unser soziales und emotionales Kapital, das ganze Leben lang. Sie vermitteln uns ein Gefühl der Sicherheit und Zugehörigkeit, sei es zur Familie im traditionellen Sinn oder mit den Menschen, die wir als unsere Familie empfinden, auch wenn weder Blut noch Urkunden uns mit ihnen verknüpfen. Sie lassen uns eine Kontinuität zwischen den Generationen spüren und erlauben uns einen zugleich zuversichtlichen und realistischen Blick in die Zukunft. Sie helfen uns, auch mit den Widrigkeiten, die das Alter mit sich bringt, besser zurechtzukommen und uns insgesamt wohlzufühlen.

Einer der großen Erfolge, die wir Frauen auf unserem Weg über die unbefestigten Pfade des Feminismus erzielt haben, ist der grundlegende Wandel unserer Beziehungen zueinander. Dieser Wandel hat unser Leben verändert: Im gleichen Maß, wie wir uns emotionale Eigenständigkeit erkämpften, haben wir untereinander Bande geknüpft, Netze gewebt, Bündnisse geschmiedet, schwesterliche Gemeinschaften begründet. Diese sind Ausdruck einer neuen Werteskala, unseres eigenen Blicks, unseres Selbstbewusstseins. Aus Knoten, Fesseln und Blockaden haben wir Modelle des Einander-verbunden-Seins gemacht. Eine zähe und schwierige, aber im Ergebnis sehr stabile Aufbauarbeit.

Nun, da wir die Zeit der Hellsichtigkeit nach der Menopause erreicht haben, beherrschen wir Frauen die diversen Herausforderungen der Liebe besser denn je – und damit meine ich Liebe in einem weit umfassenderen und erfreulicheren Verständnis als nur die sogenannte romantische Liebe, deren Grenzen wir allzu gut kennen. Wir sind imstande, für andere zu sorgen, Gesellschaft zu leisten, Bedürfnisse zu spüren, zu heilen, zu liebkosen und jedem Moment seine Schwere zu nehmen. In Liebesdingen sind wir viel souveräner, als wir es in jungen Jahren waren, zumal wir uns nicht mehr den Diktaten von Weiblichkeit und Heterosexualität unterwerfen müssen. Wir haben gelernt, Ja zu sagen und Nein zu sagen, und vor allem wissen wir: Das Wichtigste ist die Gemeinschaft, das Netzwerk, die Gruppe, die Clique, die Sicherheit, die uns diese Bindungen bieten.

Wir Frauen sind Expertinnen darin, fürsorgliche und haltbare Beziehungen zu schaffen. Diese Bindungen haben uns als Töchter, Freundinnen, Schwestern und Nachbarinnen wachsen lassen. Aus unserer Eigenständigkeit heraus haben wir Netze geknüpft, manche enger, manche loser, manche in Gestalt liebevoller Gemeinschaften, manche zur gegenseitigen Unterstützung, alle von unschätzbarem Wert. Die Qualität dieser Netze lässt uns an den Durststrecken des Lebens nicht verzweifeln, denn sie geben uns die Gewissheit, dass wir mit dem Schlimmen nicht allein sind. Eine vergleichbare Sicherheit kann uns die romantische Liebe nicht bieten – wir haben ja erlebt, mit wie viel Ängsten sie einhergeht und dass sie immer scheitern kann. Uns mit der unerträglichen Leichtigkeit der Liebe abzufinden, ist uns sehr schwergefallen.

Wir alten Frauen haben Zeit gehabt, unsere Beziehungsnetze auf ganz unterschiedliche und auf unsere jeweiligen Bedürfnisse zugeschnittene Weisen auszubauen. Und je höher die Lebenserwartung in unserer Gesellschaft, desto wertvoller werden diese Netze. Schon lange bevor wir alt werden, sind wir Frauen Expertinnen in gegenseitiger Hilfe und wir brauchen dafür keinen organisatorischen Aufwand – bloß die Fäden, die wir selbst spinnen und geschickt miteinander verweben. So wirkungsvoll und subtil ist dieses Einander-Helfen, dass es Außenstehenden oft gar nicht auffällt und manche es sogar mit Geschwätzigkeit verwechseln oder es für eine bei Frauen »natürliche« oder »angeborene« Eigenschaft halten. Das ist es aber nicht – es handelt sich um tiefe Weisheit, die dem kunstvollen Geflecht weiblicher Freundschaft zugrunde liegt.

Sehr interessant im Hinblick auf die Komplexität unserer Beziehungen ist die Erweiterung des Familienbegriffs in den letzten Jahrzehnten, die Legitimierung nicht herkömmlicher Modelle. In fast allen Familien, selbst den traditionellsten, gibt es mittlerweile Menschen, die nicht mehr die klassische Norm erfüllen und trotzdem in festen, dauerhaften Einheiten leben: homosexuelle Paare, getrennte Paare, die wieder zusammenkommen, Menschen mit nicht konventionellen sexuellen Identitäten, Alleinerziehende, Patchwork-Konstellationen. Und im höheren Alter ist eins der häufigsten Lebensmodelle bei Frauen das Single-Dasein. Manche wählen es bewusst, weil sie erkannt haben, dass ihr Glück nicht in einer Paarbeziehung liegt. Bei anderen ergibt es sich durch die Umstände – sie haben den Zustand nicht angestrebt, finden aber nach einer Zeit der Anpassung auch Gefallen daran, alleine zu leben. Und ja, es gibt auch alte Frauen, die sich einsam fühlen und deshalb traurig sind.

Uns emotional auf eine neue Beziehungswirklichkeit einzustellen, in der alleinstehend zu sein die gängigste Lebensweise ist, bedeutet einen Prozess nicht ohne Unbehagen und schon gar nicht ohne schmerzhafte Zusammenstöße mit dem romantisierten Bildinventar der Paarbeziehung (die wir uns dennoch nicht zurückwünschen). In unseren Köpfen überdauert eine emotionale Prägung auf das alte Konzept von Familie und quält uns noch ab und zu, auch wenn spätestens in der zweiten Lebenshälfte dieses Modell nur noch für eine Minderheit in unserer Gesellschaft intakt ist.

Schon seit einer ganzen Weile versuchen wir Töchter des Rock 'n' Roll und der Revolte uns an einem Leben als Alleinstehende, getragen von einem Gefühl der Gemeinschaft unter kleinen Inseln, von Wahlverwandtschaften, von Banden der mitfühlenden Schwesterlichkeit, gegründet auf Vertrauen und Verbindlichkeit. Und doch ist es nicht leicht, uns das Gefühl unermesslicher Einsamkeit vom Leib zu halten – es durchkreuzt plötzlich unsere Gedanken, scheucht uns in der tiefsten Nacht auf, weil wir die zerstörerischen romantischen Bilder wie eine Tätowierung im Hintergrund unseres Gehirns tragen. Was die breite Palette der Lebensmodelle aber zeigt, ist, dass Frauen jeden Alters in der Qualität der engen Beziehungen, die sie haben, eine unverzichtbare Priorität für ihr Leben sehen und deshalb nicht mehr bereit sind, sich auf Bindungen einzulassen, in denen sie sich unterordnen, beherrschen lassen und auf ihre wahren Wünsche – die zu identifizieren ihnen so schwerfiel – verzichten müssen.

Freundschaft ist in jeder Phase des Lebens eine emotionale Beziehung von enormem Wert, doch im Alter wird sie besonders wichtig. Unsere Freund*innen geben uns Halt in Zeiten der Verzweiflung, Unterstützung in Zeiten des Mangels, Zuwendung in Zeiten der Bedürftigkeit, sie leisten uns Gesellschaft in Zeiten der Einsamkeit. Und natürlich teilen sie auch unsere Freuden, Begeisterungen und Pläne. Freundschaft setzt eine gewisse Grund-Gutmütigkeit voraus und dass wir nicht ständig wie eine geladene Flinte herumlaufen. Der Freundschaft reichen ein mitfühlender Blick und ein Lächeln, um Dinge auch ohne viele Worte zu verstehen. Dank der Freundschaft können wir im Alter unseren Horizont erweitern, sosehr ihn die vielen Jahre eingeengt haben mögen, die wir, von unseren Wünschen entfremdet, im Dienst derer verbracht haben, die uns die Flügel stutzten.

Mit unseren Freundinnen lernen wir zu diskutieren, zuzuhören und Meinungsverschiedenheiten auszutragen, ohne dass es Knatsch gibt. Dank ihnen können wir uns in neue Themen einarbeiten, neue Umfelder kennenlernen, andere Sichtweisen auf die Welt verstehen. Der Austausch mit Menschen aller Altersgruppen bewahrt uns vor Selbstgefälligkeit, hält uns über gesellschaftliche Entwicklungen auf dem Laufenden und verhindert vor allem die Absonderung, die diese Gesellschaft für die Alten vorgesehen hat. Von Respekt und Unterstützung geprägte Beziehungen zwischen den Generationen sind zu jeder Zeit wichtig, doch im Alter sind sie besonders anregend.

Freundschaften und gute Nachbarschaft sind die Art von sozialem Austausch, der uns das Gefühl gibt, unser Leben selbst in der Hand zu haben. Sie erweitern unsere Möglichkeiten, wir wissen, wir können uns, wenn nötig, Hilfe holen. Vor allem aber bedeuten sie Teilhabe am öffentlichen Leben, Unterhaltung, ein Miteinander und einen steten Grund zur Freude. Sie helfen uns, Struktur in unseren Alltag zu bringen, machen uns Mut, bringen Zusammenhang und Schwung in unser Leben. Auch auf die Gesundheit wirken sich Freundschaften positiv aus – übrigens stärker als Paarbeziehung oder die Familie –, indem sie gesunde Verhaltensweisen und Gewohnheiten fördern. Der Kontakt mit einigermaßen zufriedenen, kreativen, heiteren Menschen ist ebenso ansteckend, wie es toxische Beziehungen sind, bloß auf gute Weise (während Letztere uns die innere Kraft rauben, unser seelisches und körperliches Wohlbefinden beeinträchtigen und uns ins Unglück stürzen).

Im Austausch mit unseren Freundinnen haben wir Strategien entwickeln können, um uns mit uns selbst zu versöhnen, und haben es geschafft, den Kiosk der wahllosen Wohltätigkeit dichtzumachen, der unserem Umfeld viele Jahre lang ständig offen stand und uns ausgelaugt hat. Nun, da wir uns bewusst und reflektiert auf unser Altwerden einlassen, haben wir die Chance, unsere wahre Großzügigkeit zu entfalten, mitzufühlen und zu verzeihen – auch wenn die amerikanische Feministin Adrienne Rich schon vor Jahrzehnten warnte, einer unserer schwersten Fehler sei das *übertriebene Mitgefühl* gegenüber Leuten, die es mit uns nicht hatten oder es nicht verdienen. Nehmen wir uns in Acht.

Je älter wir werden, desto sorgfältiger gehen wir mit unseren Freundschaften um. Viel Zeit, Hingabe und Zuneigung bringen wir für diejenigen auf, die uns das Gefühl echter Geborgenheit vermitteln. Doch insgesamt pflegen wir weniger Freundschaften als früher, auch weil die eher oberflächlichen, die uns fremd gewordenen oder allzu einseitigen sich verflüchtigt haben.

Eine dauerhafte Freundschaft ist eine beiderseitig bestärkende Beziehung über viele Jahre hinweg. Das heißt aber auch, dass wir irgendwann mit schwerer Krankheit und mit dem Tod konfrontiert sind. Je älter wir werden, desto mehr Angehörige und befreundete Personen verlieren wir, und das macht uns anfälliger für Schwermut, sozialen Rückzug und alles Negative, was daraus folgt. Meist kommt der Abschied nicht unerwartet, sondern als langsamer, schwieriger Prozess. Die Zeit, die Krankheit oder der Kampf ums Überleben können bei einem geliebten Menschen grausame Spuren hinterlassen und dazu führen, dass diese uns so nahe, vertraute Person vergeht – zwar noch lebt, aber nicht mehr die ist, die sie war. Es ist sehr schmerzhaft, uns von dem verabschieden zu müssen, was eine besondere, eine einzigartige

Beziehung ausmachte. Wir bleiben an ihrer Seite, begleiten sie und sorgen für sie, wenn auch anders als früher. In unserer Fürsorge und Achtsamkeit bleibt all das erhalten, was die Bindung zu dieser Person uns bedeutet hat. Denn wir wissen, wer sie gewesen ist, was sie uns und anderen bedeutet hat – auch wenn sie nicht mehr weiß, wer wir sind.

Der Tod oder Verfall einer Freundin oder eines Lebensmenschen hinterlässt einen bleibenden Schmerz, eine bleibende Trauer im Herzen. Wenn wir Glück haben, können wir diese Gefühle mit anderen geliebten Menschen teilen. Manche, die von uns gehen, nehmen einen Teil unseres inneren Lebens mit sich. Sie waren Vertraute für uns, Kompliz*innen. Ihr Verlust lässt sich nie wirklich ausgleichen. Ein Herzensmensch, eine Freundin, deine Schwester, die Person, mit der du deine Sorgen, deine Albernheiten und deine Sehnsüchte teilen konntest.

Die Einsamkeit ist eine große Herausforderung in jedem Alter, vor allem wenn wir alleine leben. Für alleinstehende alte Frauen ist es eine interessante und notwendige Alltagsübung, die sozialen Kontakte zu pflegen, die ihr ein Gefühl von Gemeinschaft, Freundschaft und Anerkennung vermitteln. Im Alter alleine zu leben, kann für empfindsame Menschen ohne stabile Netzwerke eine sehr ungute Isolation bedeuten. Umstände wie der Tod der Partnerin oder des Partners oder starke gesundheitliche Beeinträchtigungen, die uns außerstande setzen, am gesellschaftlichen und kulturellen Leben teilzuhaben wie vorher, lösen oft das Gefühl tiefer Einsamkeit aus. Auch wenn eine wichtige affektive Bindung abreißt oder zwischenmenschliche Konflikte sich nicht beilegen lassen, reagieren viele von uns auf den Stress, indem sie sich verkriechen. Einsamkeit und Langeweile im Alter sind reale und schmerzhafte Bedrohungen, und sie mahnen uns, wie wichtig in einem Lebensabschnitt, in dem es nicht leicht ist, neue tiefe Freundschaften zu schließen, unsere sozialen Bindungen sind, um nicht in Traurigkeit und Verzweiflung zu verfallen. Der

Mangel an gesellschaftlicher Unterstützung, die Isolation und Vereinsamung schlagen sich in seelischen und körperlichen Beschwerden nieder, denn unsere Sozialkontakte und die engen Beziehungen zu anderen Menschen haben eine unersetzlich belebende Wirkung auf unsere Psyche und allgemein auf unsere Gesundheit. Deshalb ist es gleichermaßen auf individueller wie auf kollektiver Ebene so wichtig, dass wir auch über den Freundeskreis hinaus im Alter auf Unterstützungsnetzwerke bauen können: die Gemeinde, die Familie, Hilfsdienste, Nachbarschaftsgruppen …

Gut vernetzt zu leben bedeutet eine große emotionale und praktische Hilfe auch auf den steinigen Wegstrecken des Alters.

Tricks

› Pflege deine engen und auch deine nicht so engen Bindungen.

› Bleib im Gespräch, lass Nähe zu; knüpfe die Bande, die dir Freiheit geben.

› Höre anderen zu. Stelle Fragen und interessiere dich, aber übertreib es nicht.

› Suche Räume für den Austausch und teile dein Wissen.

› Engagiere dich in der Nachbarschaft und in der Gemeinde.

› Halte dein komplexes Netz von Kontakten instand.

› Schließe neue Freundschaften, aber vernachlässige nicht die, die du schon hast.

› Achte darauf, dass deine Beziehungen zu anderen Menschen dir Freude machen und nicht auf Ausnutzung oder Abhängigkeit beruhen.

› Lache, lächele, umarme.

› Erzähle nicht dauernd von früher und von deinen Krankheiten.

› Sei nachsichtig mit dir selbst und mit anderen Frauen. Verlange nicht zu viel von ihnen, sie haben es schwer genug. Versuche, dich nicht schuldig zu fühlen und auch andere nicht zu beschuldigen; das Leben hat seine eigenen Gründe.

› Werde nicht zu störrisch, beweise dir, dass du dich noch ändern kannst. Du wirst sehen, wie gut sich das anfühlt.

› Werde nicht zur meckernden, selbstmitleidigen Alten, sonst vergraulst du die Leute bloß.

› Versuche, die unvermeidlichen Konflikte des Alltags schnell und elegant zu lösen: eine nette Geste, eine kleine Aufmerksamkeit, eine WhatsApp. Lass gute Beziehungen nicht an Lappalien zerbrechen. Wir haben nicht mehr viel Zeit.

› Die Einsamkeit, vor der du dich fürchtest, hat auch damit zu tun, ob du nachgeben, teilen, dir Dinge einfallen lassen und Vorschläge machen kannst.

› Leite nicht ständig Videos, Bilder und Witze per WhatsApp weiter. Blockiere Leute, die dich damit überschütten.

› Lass das Leben seinen Lauf nehmen. Versuche nicht, Dinge zu erzwingen, misch dich nicht überall ein.

› Löse dich aus toxischen Beziehungen, von Menschen, die dich nicht glücklich machen, dir viel nehmen, aber nichts geben. Auch in der Familie: Blut verpflichtet uns zu nichts. Lösche solche Kontakte aus deinem Telefon.

› Erkenne in deinem Umfeld Menschen mit narzisstischen Neigungen und halte dich von ihnen fern. Sie wollen dir ihren

Willen aufzwingen, und es kostet viel Zeit und Leid, dich von ihnen zu befreien.

- Lass nicht zu, dass deine Kinder dich für irgendetwas beschuldigen, geschweige denn deine Schwiegerkinder. Das fehlte gerade noch.
- Halte dich freundlich und elegant auf Distanz zu Kindern, Enkelkindern und Angehörigen deines Partners oder deiner Partnerin. Damit ersparst du dir große Enttäuschungen.

Betreuerinnen, Betreute

Getreu dem feministischen Slogan *Das Private ist politisch* machten Frauen in den 1970er-Jahren viele Situationen und Erfahrungen aus ihrem Leben sichtbar, die bis dahin im Dunkeln geblieben waren. Was sich hinter verschlossenen Türen abspielte, sollte in den Blickpunkt rücken: Die materiellen, emotionalen und sexuellen Machtverhältnisse in Paarbeziehungen und Familien wurden als Kern des Komplexes *Unterdrückung der Frau* erkannt.

Seitdem ist ein halbes Jahrhundert vergangen, und noch immer gilt das, was sich in der Familie abspielt – und speziell die Frage der Kinderbetreuung –, als Privatangelegenheit. Die Fürsorgearbeit bestimmt das Leben von Frauen jeden Alters. Wir sind Mütter für unsere Mütter gewesen, als sie es brauchten, und Mütter für unsere Kinder auch dann noch, als sie es eigentlich nicht mehr brauchten. Um unsere Geschwister und Nachbar*innen haben wir uns ebenfalls gekümmert, wenn dies nötig war, und überhaupt um lauter Menschen (und Tiere), wenn es ihnen nicht gut ging. Und immer haben wir dafür unsere Zeit großzügig verschenkt. Manche von uns haben schon als Kinder ihre Geschwister betreut oder kranke Eltern und Großeltern gepflegt.

Was wir aber so gar nicht wissen: Wer wird sich um uns kümmern, wenn wir es nicht mehr selbst können? Im Alter wird diese Frage zu einem sehr beunruhigenden Grundrauschen in unserem Kopf.

Ein Großteil unserer Lebenszeit hat nicht uns selbst gehört; wir haben ihn selbstlos hingegeben, denn so wurden wir erzogen: folgsam, verfügbar, immer bereit, uns für das Wohlergehen anderer aufzuopfern, meistens auf Kosten unserer eigenen Wünsche. Und manchmal denken wir, so kann es doch nicht weitergehen – dass wir ständig geben und nichts oder so gut wie nichts zurückerhalten. Natürlich fassen wir die Fürsorge nicht als ein striktes *Wie du mir, so ich dir* auf, sondern als eine Form des menschlichen und gesellschaftlichen Engagements, das aus Achtsamkeit und Mitgefühl erwächst. Aber eine gewisse Gegenseitigkeit erfordern diese Regungen schon. Uns um andere zu kümmern, ist eine mehr oder weniger freiwillige, persönliche Entscheidung, deren Triebkraft vor allem Zuneigung ist. Darum wünschen wir uns, dass wir, wenn wir unsererseits Betreuung brauchen, ähnlich gut umsorgt werden, wie wir selbst andere umsorgt haben. Zwar können und wollen wir das, was wir gegeben haben, nicht zurückfordern, nicht einmal dann, wenn wir ohne Hilfe gar nicht mehr zurechtkommen. Schließlich haben sich unsere Eltern um uns gekümmert, als wir Kinder waren, so wie wir uns dann wiederum um unsere Kinder gekümmert haben – die tätige Liebe pflanzt sich fort. Wir leben in einer Kette der Sorge-Aufgaben; wir können die Pflege, die uns zuteilwurde, vielleicht nicht denen zurückgeben, die für uns gesorgt haben, wohl aber anderen.

Wir Menschen brauchen einander: Es ist die auf gegenseitiger Hilfe gebaute Gemeinschaft, die uns das Gefühl der Zugehörigkeit gibt. Diese Gegenseitigkeit ist die Konstante, die unsere Bindungen zueinander stärkt und unser Wohlbefinden ausmacht. Wir versorgen und werden versorgt. Mit den Jahren haben wir gelernt, was uns dabei besonders wichtig ist: die Bereitschaft zum Zuhören (eine hochwirksame Form der Zuwendung!); der empathische Blick; der herzliche Umgang miteinander. So haben wir versucht, denen zu begegnen, für die wir zuständig waren, und Ähnliches erhoffen wir für uns selbst. Wir wollen nicht wie Einsiedlerinnen leben.

Wir haben den unbedingten Wunsch, in Würde alt zu werden. Doch mit großer Wahrscheinlichkeit kommt der Moment, in dem wir nicht nur keine anderen Menschen mehr versorgen können, sondern selbst auf Hilfe angewiesen sind. Und es fällt uns schwer, von der Betreuerin zur Betreuten zu werden.

Es geht hier zweifach um Würde: um deine Würde als pflegebedürftige Frau und um die Würde der Menschen, die dich pflegen. Sie brauchen gute Arbeitsbedingungen, faire Verträge, gerechte Bezahlung, Respekt. Der Staat muss sich den veränderten Realitäten stellen: Immer höher wird die Zahl derer, die Pflege benötigen; ihre Betreuung muss professionell und liebevoll sein. Die meisten Pflegekräfte sind heute Frauen und zudem Migrantinnen. Viele von ihnen überlassen ihre eigenen Kinder oder Schützlinge wiederum der Obhut anderer Frauen – auf diese Weise entstehen die sogenannten *globalen Betreuungsketten.*

Mit zunehmendem Alter werden wir fragiler, was nicht heißt, dass wir wie Glas zersplittern, aber dass wir möglicherweise immer mehr Schwächen entwickeln – gesundheitlicher, aber auch materieller Art, was unsere Wohn- und unsere Beziehungssituation oder unseren Gefühlshaushalt betrifft. Und dass wir dadurch hilfsbedürftiger werden. Gebrechlichkeit ist jedoch keine reine Alterserscheinung, zudem betrifft sie manche alten Frauen, aber nicht alle. Viele Faktoren, sowohl körperliche als auch aus dem Umfeld, wirken sich darauf aus. Es ist nichts, wofür wir uns schämen müssten, als wären wir nicht gut genug. Die eigenen Grenzen zu erkennen und um Hilfe zu bitten (oder sie anzunehmen), ist manchmal ein Beweis kluger Demut.

Aus unserer Umgebung erhalten wir gehäuft Hinweise, dass wir alt geworden sind (*Was, wir?*) – überall werden wir gesiezt, man überlässt uns in der U-Bahn oder im Bus einen Sitzplatz

(*Was, für mich?*); und anstatt uns über solche Aufmerksamkeiten zu freuen – schließlich haben wir sie uns weidlich verdient, nach so langer Zeit, in der niemand uns umsorgt hat –, erschrecken wir darüber und reagieren geradezu genervt. »Aber nein, nicht nötig«, wehren wir ab, immer noch überzeugt, dass nicht wir alt sind, sondern andere.

Dass wir verletzlich sind, von der Geburt bis zum Tod, ist uns von jeher klar gewesen. Dem Bewusstsein für unsere Verletzlichkeit verdanken wir unsere Transzendenz und die Wertschätzung für die Dinge, die das Leben lebenswert machen. Alt zu werden heißt immer auch, anfälliger zu werden, aber vor allem, wenn Faktoren wie *alt*, *weiblich* und *arm* zusammentreffen. Rechnen wir noch die erhöhte Wahrscheinlichkeit des Alleinlebens hinzu, wird deutlich, dass die Bevölkerungsgruppe der alten Frauen besonderer sozialer Aufmerksamkeit bedarf. Ja, wir haben starke Netze geknüpft, die uns Halt geben, wenn wir ihn brauchen. Doch es darf nicht alles der eigenen Verantwortung überlassen werden; unser Wohl und Weh dürfen nicht davon abhängen, ob die Netze im Härtefall wirklich ausreichen.

Um Hilfe zu bitten und Hilfe anzunehmen, fällt uns oft schwer. Dafür sind Weisheit und Demut nötig; es ist nicht zuletzt eine Art, die Kontrolle über das eigene Leben zu wahren. Unsere Bedürfnisse wandeln sich im Lauf der Jahre, und irgendwann kommt die Zeit, in der es gilt, die Balance zwischen Eigenständigkeit und Abhängigkeit zu finden. Dann müssen wir unsere Selbstsorge ergänzen um eine – auch spontane – Bereitschaft, uns helfen zu lassen.

Manchmal bitten wir nicht um Hilfe, weil wir nicht wissen, welche Dienste uns zur Verfügung stehen. Wir sollten uns unbedingt gut über die angebotenen Leistungen informieren: an unsere Bedürfnisse angepasste Transportmittel, Putz- und Einkaufsservice, aber auch Kulturveranstaltungen; Gesundheitsdienste und Notfallnummern. Manches stellt die öffentliche Hand bereit, anderes müssen wir uns selbst organisieren, immer mit dem Ziel, im Alter ein angenehmes Leben zu führen und nicht auf zu viel zu verzichten. Eine geschickte Kombination aus staatlichen Angeboten, privater Initiative und Selbstsorge. Unser Anliegen: dass wir bis zum Ende selbst über unser Wohlergehen entscheiden können und so lange wie möglich unsere Eigenständigkeit wahren. Wenn andere Menschen und auch die Gesellschaft für uns sorgen und uns pflegen, ist dies ein Akt der Gerechtigkeit und der gemeinschaftlichen Verantwortung.

Das klassische Modell der Betreuung im Alter war das der pflegenden Angehörigen – die im Rahmen der traditionellen Familie in aller Regel weiblich waren. Heute aber sieht die Realität der meisten Familien radikal anders aus, diverse Modelle koexistieren, und unsere Langlebigkeit geht oft damit einher, dass wir auch lange Zeit Pflege brauchen. In Patchwork-Familien oder wenn wir keine Kinder haben, ist die Frage nach der Fürsorgearbeit schon per se komplexer.

Angesichts dieser veränderten Umstände wurden mancherorts Initiativen gestartet, um alte Menschen besser im Auge zu behalten, vor allem, wenn sie einsam sind. Nicht aus freien Stücken für sich, sondern ungewollt alleine, mit zu wenig sozialen Kontakten und ohne beständige Kommunikation mit jemandem, der Probleme beizeiten erkennen würde. Sprich: die Art von Vereinsamung, die uns erschüttert, wenn wir lesen, dass Verstorbene erst nach Monaten in ihrer Wohnung aufgefunden werden und offenbar niemand sie vermisst hat. Alarmiert von der Häufung dieser furchtbaren Fälle, versuchen manche Sozialdienste inzwischen, alleinlebende alte Menschen mit wenig gesellschaftlichen und familiären Kontakten zu identifizieren und ihnen eine gewisse Betreuung anzubieten, damit rechtzeitig bemerkt wird, wenn sie verstummt oder verschwunden zu sein scheinen. Manche alten Menschen legen sich auch selbst Strategien zurecht, um zu zeigen, dass das Leben weitergeht – so wie in dem Film, in dem zwei befreundete Alte, die einander gegenüber wohnen, sich morgens anhand ihrer hochgezogenen Rollläden vergewissern, dass alles in Ordnung ist.

Die Lockdowns und Quarantänen in Zeiten von Covid-19 konnten der Einsamkeit einen Teil ihres Schreckens nehmen, indem sie zu neuen Formen der Kommunikation und der Solidarität anregten und noch einmal sehr deutlich machten, dass Alleinleben und Sich-allein-Fühlen zwei verschiedene Dinge sind. Einsamkeit ist ein Zustand der Seele, der auch eintreten kann, wenn man nicht allein lebt.

Unsere Gesellschaft ordnet jedem Lebensabschnitt gewisse Aufgaben zu. So reserviert sie für uns alte Frauen die Rolle der fürsorglichen Großmutter, selbst wenn wir gar keine Enkelkinder haben. Wenn wir glauben, wir hätten endlich den Status der Achtbarkeit und Eigenständigkeit erreicht, müssen wir feststellen, dass es mit unserem Einsatz als Betreuerin noch nicht vorbei ist – die Nachfrage bleibt ungebrochen. Nicht, dass wir ausdrücklich beauftragt wären, aber wir wissen, was von uns erwartet wird. Für manche von uns ist die Oma-Rolle die einzige Art, weiter in der Welt zu sein, und sie wünschen sich gar nichts anderes. Anstatt sich neu zu definieren oder auszuprobieren, ziehen sie den vertrauten Mechanismus der Hingabe vor. Sie unterwerfen sich weiter der traditionellen Rollenverteilung in der Familie, klammern sich an einem Selbstverständnis als Haus-Arbeiterinnen fest und beschränken sich darauf. Ein bisschen unheimlich ist das schon, weil es zeigt, wie gering viele Frauen ihr eigenes Leben auch dann noch achten, wenn sie zum ersten Mal die Chance hätten, selbst darüber zu bestimmen. Sie verzichten darauf – und das ist sehr schade.

Das Thema würde eine Abhandlung für sich erfordern. An dieser Stelle möchte ich nur betonen, dass wir die Wahl haben: Es steht uns frei, uns für oder gegen die Oma-Rolle zu entscheiden. Niemand kann uns dazu zwingen, uns um die Enkelkinder zu kümmern, es ist nicht unsere Pflicht. Und doch können viele von uns nicht Nein sagen, wenn die Kinder uns darum bitten. Als läge uns das Aufopfern im Blut.

Als im Dezember 2020 eine Großmutter in Neuseeland ihre Tochter um Bezahlung für die Stunden bat, in denen sie ihren Enkel betreute – denn sie habe ihr eigenes Leben, in dem sie einiges umstellen müsse, um sich dem Kleinen widmen zu können –, ergab sich eine interessante internationale Debatte, geprägt vom Staunen über diese Bitte. Wir mussten feststellen, dass eine so naheliegende wie logische Forderung als unerhört galt und ihren Weg in die Presse fand. In unserer Gesellschaft wird es als skandalös empfunden, wenn eine Frau eine Vergütung für die Zeit verlangt, in der sie sich um ein Enkelkind kümmert. Unfassbar, wie leichtfertig wir in so einem Fall die semantische Kategorie wechseln und die Betreuung zum Liebesdienst erklären: Was Liebe ist, ist keine Arbeit und bleibt unbezahlt. Ein lebenslanges Verhängnis.

Solche Mechanismen machen deutlich: So radikal sich in unseren Breiten das Leben für die Generation unserer Kinder verändert haben mag, wird von den Großmüttern doch nach wie vor erwartet, dass sie einem ganz traditionellen Bild entsprechen: immer verfügbar, gütig, weise, hingebungsvoll – und vor allem ohne eigenes Leben. Wenn eine Mutter die regelmäßige Betreuung der Kinder ihrer Kinder übernimmt, trägt sie dazu bei, dass gesellschaftlich alles beim Alten bleibt. Ihre freiwillige und unbezahlte Arbeit verhindert, dass ihr Kind mit seiner Partnerin oder seinem Partner die Aufteilung von Betreuung und Verantwortlichkeit aushandelt. Und so verlieren wir wieder eine Generation.

Wie auch immer: Wenn wir, ob freiwillig oder gezwungenermaßen, die Oma-Rolle übernehmen, bleibt uns immer die Möglichkeit, dabei die alten Regeln über den Haufen zu werfen und eine ganz besondere Großmutter zu sein. In vielen Fällen sind wir für unsere Enkelinnen das Tor zur Freiheit und zum Licht.

Kühnheiten

- Kümmere dich um die, die es dir wert sind.
- Bitte um Hilfe, wenn du sie brauchst, und lehne sie vor allem nicht ab, wenn sie dir angeboten wird. Sie ist ein weiteres Glied in der Kette der Solidarität, an der wir seit so vielen Jahren selbst aktiv mitwirken.
- Wenn du Pflege brauchst, zier dich nicht, sondern benenne klar deine Bedürfnisse. Mach es dem Personal nicht unnötig schwer.
- Sei dankbar und freundlich zu den Menschen, die sich um dich kümmern. Wisse zu schätzen, was sie dir geben.
- Betrachte die Pflege, die du erhältst, nicht als Gegenleistung für das, was du selbst früher einmal gegeben oder geleistet hast. Solche Rechnungen können nur in deinem Kopf aufgehen.
- Weiche auf dem Gehweg nicht ständig aus und gewöhne dir überhaupt ab, immerzu anderen den Vortritt zu lassen. Jetzt bist du mal an der Reihe. Verschaffe dir Respekt, wenn du draußen unterwegs bist. Setze ein Pokerface auf.
- Sag deinen Kindern ganz klar, wie du betreut werden möchtest, wenn es nötig wird. Welche Dinge dir wichtig sind – auch solche Kleinigkeiten wie Nägel schneiden, Barthaare oder Augenbrauen zupfen. Wenn ich eine Freundin im Krankenhaus besuche, habe ich immer eine Nagelschere und eine Pinzette zum Epilieren dabei, und wenn sie will, entferne ich ihr unliebsame Härchen. Ich pflege ihr die Hände und vor allem die Füße. Auch ein Fläschchen Eau de Cologne bringe ich ihr mit.
- Verkneif dir Ratschläge, was andere tun sollten, wenn sie krank sind oder jemanden pflegen – vor allem, wenn sie mit zusätzli-

cher Arbeit für die Pflegenden verbunden sind. Weniger Worte und mehr Taten: Bring deine gute Hühnersuppe mit, das ist wirklich eine Hilfe.

› Ja, wir sind alt, und es ist gut, wenn man uns im Bus einen Sitzplatz anbietet. Nimm es freudig an, wenn man dich in der Warteschlange vorlässt oder fragt, ob du etwas brauchst. Reagiere weder beleidigt noch unverschämt. Es handelt sich hier um gute Umgangsformen, um Höflichkeit, Respekt, Würde. Hatten wir uns nicht gerade das für unser Alter gewünscht?

› Wenn du merkst, wie dir dein Alltag immer schwerer fällt, setze nicht darauf, dass deine Kinder dich kontinuierlich unterstützen, sondern lass deine Pflegestufe bestimmen und beantrage häusliche Pflege bei deiner Krankenkasse. Darauf hast du Anspruch; du erhältst dir damit deine Freiheit und bringst deinen Nachwuchs nicht in Verlegenheit.

› Falls dir irgendwann ein Haushaltsroboter als Alltagsbegleitung angeboten wird, sag ohne zu zögern Ja. Er kann dir einiges abnehmen, und wenn er dich nervt, schaltest du ihn einfach ab. Sehr praktisch.

› Ab und zu tut es gut, dich wie eine alte Dame zu verhalten. Lass dir bei Dingen helfen, die dich viel Kraft kosten, zum Beispiel im Zug deinen Koffer ins Gepäckfach zu heben. Lass dir schwere Einkäufe nach Hause liefern.

› Es ist an der Zeit, dass du dir Unterstützung holst, aber stelle dich dabei nicht hilfloser, als du es wirklich bist. Das ist nur in den Momenten sinnvoll, in denen man dich behandelt, als wärst du unsichtbar.

› Setze den Ansprüchen deiner Kinder Grenzen, ganz gleich, wie sehr sie deinen kostenlosen und kompetenten Einsatz gewohnt sind. Lerne Nein zu sagen, auch zu ihnen.

› Organisiere mit deinen Freundinnen eine Kampagne unter dem Motto: *Keine Oma ohne Kohle*. Vielleicht gelingt es uns gemeinsam, die Unsitte der unbezahlten Liebesdienste infrage zu stellen.

› Hör auf damit, dauernd zu kochen und Tupperdosen für deine Kinder und Enkelkinder zu befüllen. Damit trägst du nur dazu bei, dass du auf die Rolle als Versorgerin festgelegt bleibst und der Nachwuchs dich ausnutzt.

› Denk daran: Wir haben keine Zeit mehr, um Dinge zu tun, die wir nicht tun wollen.

› Kümmere dich nur dann um deine Enkelkinder, wenn es dir passt und sich für dich richtig anfühlt. Übernimm keine täglichen Dienste, sonst bleibst du für den Rest deines Lebens eingespannt.

› Fühl dich nicht dafür zuständig, deinen Enkelkindern Benimmregeln beizubringen – das sollen andere machen. Verziehe sie ruhig ein bisschen, wenn dir danach ist.

› Spiel mit ihnen, erzähl ihnen von deiner Familie, sprich mit ihnen darüber, wie ihre Mutter oder ihr Vater als Kind war.

› Biete deinen Enkelkindern Freiheit und Fantasie fürs Leben.

› Hilf ihnen, ihre Träume und Wünsche zu verwirklichen. Wir Alten von heute sind der Hebel für einen echten Wandel im Leben der Frauen von morgen.

Klarheit schaffen und locker bleiben

Die meisten von uns alten Frauen haben nichts zu vererben im Sinn von materiellen Gütern, denn der überkommenen Rollenverteilung gemäß verfügen wir selten über nennenswertes eigenes Vermögen. Fest steht aber, dass wir den nachfolgenden Generationen ein Kapital von enormem Wert hinterlassen, was die Sorge für die Kinder, aber auch die Fortentwicklung und Erhaltung des Lebens auf unserem Planeten betrifft. Ohne dass wir es wirklich angestrebt hätten, haben wir mit unserer tätigen Hilfsbereitschaft Wissen und Haltungen von hohem zivilisatorischen Wert weitergegeben. Unser ganz alltägliches Handeln ist für sich ein wichtiges Erbteil, weil es das Leben lebenswert macht. Wir sind verlässliche Wesen, und wir reagieren fürsorglich auf Bedürfnisse, die wir in unserer Umgebung wahrnehmen, weil das Oxytocin unser Sensorium schärft (dieses Hormon, das auch als Neurotransmitter wirkt, wird mit Eigenschaften wie Verlässlichkeit, Altruismus, Herzlichkeit, Großzügigkeit, Fürsorglichkeit und Mitgefühl in Verbindung gebracht). Wir tun die Dinge gut und gründlich, wir hinterlassen keine losen Enden, erledigen alles so, dass es nützlich und förderlich für das Wohlbefinden um uns herum ist. Wir lassen uns nicht lange bitten – so elegant sind wir – und führen auch nicht Buch über unsere Leistungen. Wir fühlen uns zuständig für das, was das Leben uns vorsetzt. Sind wir etwa nicht zuverlässig? Unser Wirken heute stellt künftigen Generationen einen Fächer von Möglichkeiten zur Verfügung, sich im Alter in der Welt zu verorten. Wir sorgen dafür, dass das Bild vom Großmütterchen aus den Märchen verblasst, und erweitern die Handlungsspielräume für die Frauen, die nach uns kommen. »Ich bin alt, na und?«, können sie sagen, ohne sich die Haare zu raufen, und sie können ziemlich furchtlos durch die Jahre schreiten.

In der Mitte unseres Lebens beginnen wir generativ zu werden, das heißt unser Wissen an die Welt weiterzureichen. Ich sehe die *Generativität* als Fähigkeit älterer Menschen, der Gesellschaft einen Teil dessen zurückzugeben, was wir im Laufe der Jahre bekommen haben – wir bieten den Jüngeren an, von unseren Kenntnissen und Kompetenzen zu profitieren und sie für den eigenen Fortschritt zu nutzen. Der Psychoanalytiker Erik H. Erikson definierte die Generativität als ein Bedürfnis, uns, wenn wir im höheren Erwachsenenalter stehen, von jüngeren Menschen gebraucht zu fühlen. Und zwar in einer Weise, die auf Gegenseitigkeit beruht: Die Solidarität zwischen den Generationen bedeutet für die Alten wie für die Jungen Wertschätzung und Wohlbefinden. Sie stiftet ein Gefühl familiärer Verbundenheit, sie schafft Gedächtnis und Dankbarkeit. Generativität heißt, wir vererben unser Wissen und tragen dazu bei, eine bessere Welt zu bauen – gerechter, klüger, geschwisterlicher. Durch Generativität bilden wir Ketten der Unterstützung, ohne uns selbst auszubeuten, unter Wahrung unserer Integrität und mit Achtung vor unserem zunehmend fragilen Leben. Wenn Frauen einander dabei helfen, ihre persönlichen Ziele zu erreichen, ihre Träume und Wünsche zu verwirklichen, entsteht große Kraft für den gesellschaftlichen Wandel. Die Jüngeren werden ermuntert, das Beste in sich selbst zu entdecken, und wir Alten geben einander Halt auf unserer Reise mit der Transsibirischen Eisenbahn.

»Die schöpferischste Kraft der Welt ist die Energie der Frau nach der Menopause«, schrieb die Anthropologin Margaret Mead in ihrem Buch *Kindheit und Jugend in Samoa.* Dieser

Energieschub nach den Wechseljahren eröffnet uns eine neue Phase des gesellschaftlichen Engagements, der größeren Authentizität, der besseren Vernetzung. Und besonders gut gefällt mir daran: Es kann die Zeit sein, in der wir wirklich zu Hüterinnen des Lebens werden. Zuvor mussten wir den Großteil unserer Energie darauf verwenden, uns beruflich zu entwickeln und die Familie in Gang zu halten. Nun gelangen wir an einen Punkt, an dem wir unsere Kraft verlagern und sie in den Dienst der Gemeinschaft stellen können. Diese neue Dynamik unserer sozialen Beziehungen erlaubt es uns, bessere Menschen zu sein und die Stimme wiederzufinden, die uns beim Heranwachsen verloren ging, als wir uns den Zwängen des vorherrschenden Frauenbilds und der heterosexuellen Norm zu unterwerfen begannen. Mit der feministischen Psychologin Carol Gilligan argumentiert: Wir verzichten auf unsere Stimme, damit unsere Beziehungen nicht in die Brüche gehen. Von dem Moment an aber, da der Schleier der Hormone gefallen ist und wir uns unsere Stimme zurückholen, sprechen wir vieles offen aus, was wir jahrelang verbrämt haben, und wir können das Mädchen wiederentdecken, das wir einmal waren. Unsere echte Stimme macht uns zum Orakel – und die Menschen um uns herum werden sich darüber nicht immer freuen. Denn gewisse Wahrheiten sind sie nicht zu hören gewohnt.

Diese Überlegungen hängen damit zusammen, dass ab einem bestimmten Punkt im Leben fast alles in die Kategorie des Überflüssigen, Entbehrlichen oder sogar Lästigen fällt und wir den Drang verspüren, Ballast abzuwerfen, um unbeschwerter weiterzugehen. Ins Grab können wir eh nichts mitnehmen, dort landen wir mit ganz leichtem Gepäck. Deshalb ist es – nachdem wir so lange in dieser oberflächlichen Konsumgesellschaft festhingen, die sich um den Planeten und um künftige Generationen gar nicht schert – dringend nötig, Klartext zu reden; sonst können wir die Erde unmöglich zu einem besseren Ort machen. Gerade aus dem Bedürfnis heraus, uns von dem Gerümpel in unserem Leben und von bedrückenden Erinnerungen zu befreien, entscheiden wir uns für eine Existenz in Mäßigung, Komfort und Harmonie. Denn das ist es, was wir unter einem guten Alter verstehen.

Der Wunsch, in dieser Phase nützliche Dinge zu tun, geht damit einher, dass wir für uns selbst nur das behalten wollen, was wir als wesentlich erachten. Von allem Krempel, Erinnerungskitsch und sonstigen Gegenständen, die uns mit der Zeit zur Belastung geworden sind, trennen wir uns. Das setzt einen schonungslosen Blick auf Objekte voraus, die uns fast ein Leben lang begleitet haben, nun aber nur noch im Weg sind. Natürlich sollten wir dabei nicht zu rigoros werden. Wenn wir alles, was wir nicht unbedingt notwendig finden, aus unserem Leben entfernen, besteht die Gefahr, dass wir in deprimierende Kargheit, in klösterliche Askese verfallen. Aber den berühmten Appell von Marie Kondo, wir sollten uns nur mit Dingen umgeben, die zu unserem Glück beitragen, dürfen wir uns ruhig zu Herzen nehmen.

Wir kommen nun wirklich mit weniger aus, haben weniger Bedürfnisse, wahrscheinlich auch viel weniger Geld – dafür aber eine neue Leichtigkeit, Schlichtheit und Natürlichkeit. Nicht nur materiell, sondern auch seelisch beschränken wir uns auf das Wesentliche. Eine Existenz ohne Maßlosigkeit und Verschwendung, in der wir uns auf die Dinge konzentrieren, die uns für unser Leben jetzt wirklich wichtig sind. Damit meine ich eine innere Leichtigkeit als Haltung zur Welt, nicht den Verzicht auf alle Annehmlichkeiten oder Genüsse. Und haben wir einmal damit begonnen, uns auf diese Weise das Leben leichter zu machen, können wir die freigesetzte Energie nutzen, um uns aus verknöcherten, ungleichgewichtigen und zehrenden Beziehungen zu lösen. Auch da ist der Moment des Abschieds gekommen.

Weil wir alle diese Welt irgendwann verlassen werden, scheint es mir außerdem angeraten, jetzt mit unserem Tod Frieden zu schließen. Von klein auf haben wir gespürt, dass unsere Zeit endlich ist. Dieses Bewusstsein erlaubt es uns, dem Leben einen Wert und einen Sinn zu geben, es lädt uns ein, uns auf das Hier und Jetzt zu konzentrieren: das Einzige, was wir wirklich haben. Wir sind Augenblicke. Es ist also an der Zeit, dass wir verzeihen, vergeben – und dass uns verziehen wird. Wir können es nicht mehr aufschieben, alte Streitigkeiten mit Menschen, die uns am Herzen liegen, beizulegen. Denn der Tag rückt näher, an dem wir, aus welchen Gründen auch immer, nicht mehr imstande sein werden, derlei zu klären; und dann würde uns nur die Reue im Herzen bleiben.

Die andere Seite der Medaille: Jetzt ist die Zeit, um uns für die Freundlichkeiten zu bedanken, die man uns erwiesen hat – zumal uns die Erinnerung an das Gute in unserem Leben nun besonders viel bedeutet. Dankbarkeit und Mitgefühl statt Trostlosigkeit und Verbitterung, das ist unser Plan für unsere letzten Jahre.

Auch sollten wir nun eine Reihe richtiger Entscheidungen treffen, damit wir in Frieden gehen können. Vor allem gilt es, die Konflikte, die drohen, falls wir doch ein paar Groschen hinterlassen, auf ein Minimum zu reduzieren. Hier ist Klarheit das Wichtigste, auch wenn sie nie unsere große Stärke war – wir lebten ja in dem Glauben, dass Dinge, die man totschwieg, aufhörten zu existieren; oder wenn es sie doch gab, sei es ungehörig, sie offen zu benennen. Jede von uns hat ihre eigene Art, damit umzugehen, aber ein detailliertes Testament bei der Notarin zu hinterlegen, kann den Familienfrieden erhalten, wenn du nicht mehr da bist. Bring diese Angelegenheiten jetzt ins Reine, auch wenn du keine Kinder hast; dann beglücke halt deine Nichten und Neffen.

Sehr wichtig ist es, dass du eine Patient*innenverfügung ausfüllst und festlegst, wie ganz am Ende deines Lebens mit dir umgegangen werden soll. Wenn du das nicht tust, können die Entscheidungen über deine letzten Momente bei Menschen liegen, denen du sie nicht überlassen willst; Menschen, die keine

Ahnung haben, wer du bist und was dich bewegt – geschweige denn, was deine Wünsche ganz zum Schluss sind.

In diesem Dokument – das du bei einer Vertrauensperson hinterlegen solltest – stellst du Punkt für Punkt klar, welche Art von Pflege du in der Phase möchtest, in der du dich nicht mehr selbst artikulieren kannst. Anderenfalls sind Ärzt*innen zum Beispiel nicht berechtigt, sogenannte lebenserhaltende Maßnahmen zu beenden, auch wenn diese gar nicht mehr in deinem Sinne sind. Und im Zweifelsfall übernehmen Angehörige die Entscheidung. Mit einer Patient*innenverfügung kannst du aber auch festlegen, dass zum Beispiel eine Person außerhalb der Familie, der du besonders vertraust, hinzugezogen wird. Gerade angesichts des tief greifenden Wandels von Familien- und Beziehungsstrukturen in der heutigen Zeit entsprechen die per Gesetz und Tradition festgelegten Zuständigkeiten ja nicht mehr unbedingt unseren Bedürfnissen und Wünschen.

Das mag uns vielleicht noch weit entfernt vorkommen, doch tatsächlich können wir, indem wir unsere Vorstellungen verbindlich formulieren, schwere Konflikte auf diversen Ebenen vermeiden – und vor allem können wir sicherstellen, dass unser Wille geachtet wird. Dafür sollten wir uns genug Zeit zum Nachdenken nehmen und uns gut informieren. Je genauer wir selbst wissen, wie wir am Ende unseres Wegs betreut werden wollen, desto besser für uns.

Das Leben ist anders geworden, der Charakter von Beziehungen hat sich gewandelt; wir werden heute älter denn je, und unsere Nachkommen haben ihre eigenen Vorstellungen, die nicht unbedingt mit unseren übereinstimmen. Deshalb ist es so wichtig, dass wir unseren Willen für die ganz große Reise so klar wie möglich aufschreiben. Dazu gehören neben den Bereichen, die eine Patient*innenenverfügung abdecken kann – Schmerzbehandlung, Palliativpflege (zu Hause oder im Hospiz?), Sterbehilfe –, auch die Abschiedsrituale, die wir uns wünschen. Religiös oder nicht? Kleiner Kreis oder große Gesellschaft? Wollen wir in einer Aussegnungshalle aufgebahrt werden? Wollen wir verschwenderische Blumengebinde, oder haben wir es lieber schlicht? Welche Musik, welcher Ablauf, welche Zeremonie?

Wir wollen, dass unsere Wünsche und Bedürfnisse bis zum letzten Atemzug respektiert werden, und zwar in jeder denkbaren Situation; wir wollen, dass unsere Würde auch in den intimsten Bereichen gewahrt bleibt. Wünschen wir vielleicht, dass eine bestimmte Person sich um uns kümmert – oder dass eine andere sich höflich von uns fernhält? Unsere kulturellen Prägungen und Vorlieben sollen ebenso berücksichtigt werden wie das, woran wir glauben, und beides soll höher stehen als jegliche gesellschaftliche, religiöse oder familiäre Konvention, die uns nicht in den Kram passt.

Wir haben alle miterleben müssen, wie bei manchen Trauerfeiern die Eigenart des verstorbenen Menschen das Letzte war, was zu zählen schien. Darum sollten wir die Abläufe nach unserem Tod möglichst genau festlegen. Vor allem in einer Gesellschaft wie unserer, die auch noch alles, was nach dem letzten Atemzug folgt, gnadenlos zu Geld zu machen versucht – in Gestalt einer übergriffigen Bestattungsindustrie. Diese profitiert von der Lähmung und Erschöpfung, dem Stress und der Trauer der Hinterbliebenen, die in diesem schwachen Moment kaum in der Lage sind, die passenden Entscheidungen zu treffen. Zwischen einem Sarg voller Schnörkel und giftigem Lack (sehr teuer) und einem Modell aus unbehandelter Kiefer, das uns mit dem Duft von frischem Holz umfängt, können sie oft nicht aus eigener Kraft wählen.

Der Wunsch nach einem guten Leben geht einher mit dem Wunsch nach einem guten Tod. Wir brauchen neue Rituale für das Sterben, da die Dinge sich so sehr verändert haben und uns das traditionelle Programm nicht überzeugt. Bestattungsriten, die unseren Werten entsprechen, wären dringend nötig. Wie kann es sein, dass wir ökologisch bewusst gelebt haben, aber unsere Beerdigungen Exzesse an Blumen und Umweltverschmutzung sind, mit Särgen voller Lack und Metall?

Erwarte nicht, dass jemand sich schon kümmern wird, sondern organisiere alles bis ins Detail selbst. Auch deine Trauerfeier und deine Einäscherung. Dann erlebst du vom Jenseits aus weniger unangenehme Überraschungen.

Strategien

› Teile deine Erfahrung und dein Wissen mit jungen Frauen, die dich nach deiner Meinung fragen, dich um Rat oder Hilfe bitten. Nimm dir vor zurückzugeben, was das Leben dir geschenkt hat. Sei großzügig.

› Gib die Bücher weg, die du nicht mehr brauchst und die nur einstauben. Wenn du ein Archiv hast, das für die Jüngeren von Nutzen sein könnte, stelle es zur Verfügung.

› Sei beherzt beim Entrümpeln, mach dir das Leben leichter. Umgib dich mit schönen Dingen. Sortiere alles aus, was du nicht magst. Was sich im Lauf der Jahre angesammelt hat. Was dir geschenkt wurde, und du weißt nicht, wohin damit. Was dir nichts bedeutet. Nur weg damit.

› Nutze die Dinge, die du aufbewahrt hast, weil du sie magst: Verwende sie für dich selbst. Sonst werfen deine Hinterbliebenen sie eh bloß weg, und das wäre doch schade.

› Befreie dich von allen Angelegenheiten, die nicht wirklich zu dir gehören, aber dir auf der Seele lasten. Lass los, lass los, lass los.

› Gib dein Geld aus – verreise, spende, gönn dir was, sei großzügig. Jetzt ist die Zeit dafür, und es gehört dir, nicht deinen Kindern oder sonst wem. Niemand hat dir da hereinzureden.

- Plane deinen Abschied von der Welt. Mach ein Testament und begünstige darin, wen du willst. Halte fest, was dein Wille ist, für den Fall, dass wichtige Entscheidungen für dich getroffen werden müssen.
- Wenn du etwas vererbst, überleg dir, ob du vielleicht die weibliche Linie stärken willst: von Mutter zu Töchtern und Enkelinnen – oder, wenn du selbst keine Töchter hast, zu den Töchtern deiner Söhne. Oder warum nicht an eine Freundin, die dich im Herzen trägt und die nicht einfach verkaufen wird, was du ihr hinterlässt?
- Schreib einen Text für die Menschen, die dir am Herzen liegen – als kleines Vermächtnis, für ihre Erinnerung an dich.
- Formuliere klare Wünsche und Anweisungen für deine Beerdigung, wenn du nicht willst, dass dir fragwürdige Segnungen zuteilwerden. Du hast das Sagen.

Bürgerinnen, Aktivistinnen, Kulturbegeisterte

Neugier ist das Elixier für ein Alter mit Leidenschaft. Sie hält unser Interesse an der Welt und am Wissen wach, an den Fragen, die wir stellen müssen, um die Vielfalt des Lebens zu begreifen und unsere Kreativität entfalten zu können – Modernität ist Kopfsache. Dieser geistige Motor bewahrt uns davor zu erstarren, argwöhnisch gegen alles Unbekannte zu werden, uns nichts mehr zuzutrauen (»Ach, in meinem Alter doch nicht mehr …«).

Im Alter können wir die Freude an neuen Entdeckungen auskosten, können unserer Neugier freien Lauf lassen, in Kultur und Gesellschaft eintauchen, unsere intellektuellen, politischen und sozialen Interessen pflegen. Die Neugier erhält uns die Lust am Leben, sie spornt uns an, uns auf dem Laufenden zu halten, etwas zu lernen, Gespräche zu führen. Wir teilen Zweifel, Gewissheiten und Erkenntnisse mit anderen Menschen, wir halten unsere Fantasie und Schaffenskraft in Gang.

Gerade wir alten Frauen sind die wahren Hüterinnen der Neugier. Wir bilden das freundliche und aufmerksame Stammpublikum bei den meisten Kulturveranstaltungen. Wir besuchen Vorträge, gehen ins Kino und ins Theater. Wir wissen, welche Konzerte anstehen, was für Aktivitäten im Stadtteil und in der Nachbarschaft organisiert werden, wir sind die besten Kundinnen der Volkshochschulen. Viele dieser Angebote sind kostenlos oder erschwinglich, sie erweitern unseren Horizont und lassen uns neue Bekanntschaften schließen. Wir sind, wie Marilynne Robinson schreibt, vom Team der *Unzähligen* – beteiligt an unzähligen Dingen, die das Leben einer Stadt ausmachen. Und wir lassen nicht nach.

Nun, da wir mehr Zeit für unsere Interessen haben, können wir Projekte angehen, die uns motivieren und zufriedenstellen, die uns weiter dazulernen und nicht zu mürrischen Besserwisserinnen werden lassen. Wir bleiben am Ball, und indem wir am kulturellen Angebot unserer Stadt teilhaben und uns gesellschaftlich engagieren, haben wir auch die Chance, die neuen Lebensweisen zu verstehen, die um uns herum erprobt werden. Die verschiedenen Technologien, die einige von uns sich nur mühsam angeeignet haben, andere schnell und souverän, erleichtern uns die Sache noch. Wir verfügen über eine Menge theoretischer und vor allem praktischer Intelligenz.

Um uns herum ereignet sich so manches, und wenn wir daran interessiert bleiben, sind wir alte Frauen mit eigenen Themen und Meinungen – Frauen von Welt. Wenn wir hingegen zwar Zeit haben, aber keine Welt, werden wir zu Wesen ohne Mitsprache, zu Konsumentinnen einer Berieselungskultur, die auf der Annahme beruht, wir Alten wollten und könnten nichts mehr lernen, sondern bloß auf stumpfsinnige Weise unterhalten werden. Neuen Austausch zu suchen, mitzumischen beim kulturellen und sozialen Angebot in unserer Gegend, macht unseren Horizont schön weit, anstatt dass er immer enger wird. Allerdings ist dabei wirklich unsere Aufmerksamkeit gefordert, unsere Entschlossenheit, Anschluss zu halten. Denn die Gesellschaft hält uns Alte ja für weitgehend uninteressant – außer, wenn sie von unseren Renten, unseren Betreuungs- oder Kochkünsten profitieren kann – und bietet zum Beispiel kaum auf uns zugeschnittene Weiterbildungsprogramme an.

Wo Aktivitäten speziell für alte Menschen angeboten werden, handelt es sich meist um reine Beschäftigungstherapie, die nicht dazu beiträgt, dass wir uns als Teil des gesellschaftlichen Lebens fühlen, sondern bloß dazu dient, das bisschen Zeit totzuschlagen, das uns noch bleibt. Da angenommen wird, alte Menschen hätten die Fähigkeit und das Interesse eingebüßt, sich weiterzuentwickeln und dazuzulernen, wird uns gar kein Anreiz zum Denken mehr geboten. Keine Bildungsofferten, keine Einladungen, aus der Selbstisolation herauszutreten, zu der alte Menschen neigen – wir werden behandelt, als fehlte uns die kulturelle Grundlage, um noch Neues zu lernen. Und zugleich mangelt es am politischen Willen, das soziale und intellektuelle Kapital, das die gewaltige Menge der Rentner*innen heute zu bieten hat, zum Wohl der Gesellschaft zu nutzen. Dabei verfügen wir über Kenntnisse und Fertigkeiten von hohem Wert für das Gemeinwohl – gerade wenn es darum geht, sozialen Wandel durch kollektive Aktion zu fördern. Aber, nein, das politische Denken erweist sich als erschreckend flach.

Wir alten Frauen streben nicht danach, untätig im Sessel zu sitzen, fernzusehen oder ins Leere zu starren. Vielleicht halten manche Leute das für unser höchstes Glück und organisieren das Leben alter Frauen deshalb so, dass, wenn sie morgens aufstehen, alles schon erledigt scheint und ihnen keine sinnvolle Beschäftigung mehr möglich ist. Was für ein Horror, auf diese Weise verwandelt man uns in lebende Leichen! Viele von uns möchten noch im hohen Alter produktiv bleiben: Kochen, gärtnern, Kontakte knüpfen, uns um ein Haustier kümmern, den Alltag an unserem Wohnort mitgestalten, auch die Pflege, vor allem, wenn sie uns selbst betrifft.

Wenn wir über Partizipation nachdenken, liegt auf der Hand, dass wir zudem nachbarschaftliche oder kommunale Netzwerke und Sozialdienste brauchen, um Kultur- und Freizeitangebote für alte Menschen zugänglich zu halten, deren Beweglichkeit eingeschränkt ist oder die aus anderen Gründen bei solchen Aktivitäten auf Begleitung angewiesen sind. In manchen Fällen lässt sich das solidarisch unter Freundinnen organisieren – damit stärken wir unseren Zusammenhalt und haben das gute Gefühl, einander zu helfen; ein für beide Seiten erquickliches Geben und Nehmen.

Oder wir finden eine generationsübergreifende Lösung. Dafür müssen wir nicht zwangsläufig unsere eigenen Enkelkinder überreden, es können auch andere junge Menschen sein, die auf diese Weise die Möglichkeit zu Einblicken in die Klugheit und oft überraschenden Lebenswege von Personen nutzen, auf die sie bis dahin kaum geachtet haben.

Manche von uns stellen im Tausch gegen gewisse Pflege- und Begleitungsleistungen ein Zimmer in ihrer Wohnung zur Verfügung, zum Beispiel an Studierende. So eine Zweckgemeinschaft kann für beide Seiten sehr anregend sein.

Die feministischen Selbsterfahrungsgruppen, sie sich seit den 1960er-Jahren gründeten, haben sich als hochwirksames Instrument für den gesellschaftlichen Wandel erwiesen. Sie machten uns klar, in welchem Maß uns als Frauen Menschenrechte vorenthalten wurden und wie dringlich es war, uns im Kampf für diese Rechte zusammenzuschließen. Denn aufreibende Konfrontationen in diversen Bereichen – Familie, Arbeit, Gesellschaft – waren unausweichlich. Wir gingen diese Konflikte im Bewusstsein unserer gemeinsamen Stärke und schwesterlichen Solidarität an. Auf diese Weise konnten wir der Wut der Herrschenden standhalten und nach und nach die Freiräume erkämpfen, die uns zustehen. Dank unseres Zusammenhalts, und weil wir einig waren über unsere Ziele, haben viele von uns heute Alten selbst aktiv dazu beigetragen, dass sich im öffentlichen wie im privaten Leben für uns Frauen etliches radikal verbessert hat.

Es war ein weiter Weg. Tatsächlich mussten wir viele Rechte, die heute ganz selbstverständlich und so fest in unserer Gesellschaft verankert scheinen, als hätte es sie schon immer gegeben, mühsam erstreiten. Wir Veteraninnen haben den Weg frei gemacht für eine ganze Reihe von Gesetzen, die es uns Frauen erst ermöglichen, selbst über unser Leben, unseren Körper und unsere Erotik zu bestimmen. Wir sind für unsere Rechte in Sachen Verhütung, Ehescheidung, Abtreibung, Gleichstellung, sexuelle Freiheit und ein Leben in Vielfalt auf die Straße gegangen und vor Gericht gezogen. Was wir erreicht haben, verdanken wir unserer unerschütterlichen Hoffnung und der Beharrlichkeit, mit der wir Jahr für Jahr weitergemacht, uns eingebracht haben. Niemand kann uns den Stolz darauf nehmen, dass wir Pionierinnen gewesen sind für die meisten der Rechte und Freiheiten, die Frauen heute genießen. Es mag für die Jüngeren kaum noch vorstellbar sein, aber als Spanierinnen mussten wir früher für eine Abtreibung ins Ausland gehen; wir brauchten die Erlaubnis unseres Ehemanns, wenn wir ein Auto auf Raten kaufen oder ein Bankkonto eröffnen wollten; selbst von einem Scheusal durften wir uns nicht scheiden lassen. Alles Mögliche war für anständige Frauen verboten.

Immer wieder sind wir, die heute Alten, aktiv geworden, um Dinge wirklich zu ändern. Wir sind dem Aufschrei, dem Schmerz, der Not gefolgt, haben Gesicht gezeigt und unsere Entschlossenheit bewiesen, das zu erreichen, was wir für gerecht und notwendig hielten. Wir haben für Gleichberechtigung, für Mitgefühl und für eine nachhaltige Zukunft gekämpft.

Würden wir uns klarmachen, wie wichtig unsere Rolle als Vorkämpferinnen gewesen ist, dann hätten wir heute ein ganz anderes Selbstbewusstsein und würden die gesellschaftliche Anerkennung genießen, die ein solcher Weg verdient. Aber das kollektive Gedächtnis ist schwach. Es liegt an uns selbst, die Erinnerung wachzuhalten, über all das zu sprechen, über die verfehlten wie über die erreichten Ziele, und gemeinsam dafür zu sorgen, dass unsere Geschichte nicht totgeschwiegen wird. Dieses Sprechen ist notwendig. Es wird Tränen auslösen, aber auch Lachen und Stolz, wenn wir daran zurückdenken, wie listig und taktisch geschickt wir waren. Dieses Sprechen kann den Generationen nach uns einen Sinn für Zusammenhalt vermitteln und für die Geschichte, aus der sie hervorgegangen sind.

Forderungen zu stellen, liegt uns durchaus im Blut. Nun, da in Sachen Frauenrechte das Wesentliche erledigt zu sein scheint, können wir unser Engagement darauf richten, für die Rechte und Freiheiten alter Menschen einzustehen. Für Räume, in denen wir gut leben können, für unsere Würde und Selbstachtung. Und was ist mit dem verwüsteten Planeten, den wir unseren Enkelkindern hinterlassen? In dieser Frage sollten wir unbeirrt an der Seite der Jugend stehen, sollten unser ökologisches und feministisches Bewusstsein aktivieren und das Wissen, die Erfahrungen aus unseren früheren Kämpfen weitergeben.

Da, wo wir Frauen unsere Kräfte für eine gemeinsame Sache bündeln, ist der gesellschaftliche Wandel unaufhaltsam.

Aufrufe

› Bleibe neugierig auf das, was um dich herum geschieht und was in der Welt passiert. Bewahre dir deine Offenheit für Ungewohntes, Unbekanntes, Anderes, auch wenn dein erster Impuls Abwehr ist. Wenn du dich näher damit befasst, macht es dich vielleicht glücklich.

› Lies, geh ins Kino und ins Theater, besuche Vorträge, Ausstellungen, Konzerte.

› Achte darauf, dass du nicht zum nervigen Teil des Publikums gehörst – zu denen, die tuscheln, inmitten einer Veranstaltung geräuschvoll aufstehen oder außerstande scheinen, ihr Telefon auf stumm zu stellen.

› Leih dir Bücher, Platten und Filme in der Bibliothek aus.

- Löse Kreuzworträtsel und Sudokus und mach Spiele, die dei-nen Verstand auf Trab halten; auch Videospiele, wenn du magst.
- Schließe dich einer Lesegruppe, einem Filmclub oder einem Gartenverein an, nutze die Gelegenheit zum Austausch.
- Bilde dich weiter, lass dich nicht mit Stumpfsinn berieseln.
- Pflege deine kulturellen, sozialen und nachbarschaftlichen Interessen so, dass sie deinen Horizont erweitern. Sag deine Meinung, teile dein Wissen.
- Lass dich von Aufgaben in der Gemeinde, die du übernommen hast, nicht abbringen (auch wenn du versucht bist, eine Versammlung zu schwänzen, weil du ein Enkelkind betreuen sollst).
- Mach mit bei Kundgebungen, Demonstrationen, kollektiven Aktionen, die dir sinnvoll erscheinen. Leiste deinen Beitrag. Sei solidarisch, engagiere dich ehrenamtlich, aber ohne dich unter Druck zu setzen.
- Lass dir die Stadt nicht nehmen. Sei Bürgerin von Kopf bis Fuß. Poche auf deine Rechte.
- Der Weg, den wir noch vor uns haben, ist nicht mehr lang: Geh ihn klug und mit einer gesunden Dosis Egoismus.
- Weniger beten, mehr selbst zum Wandel beitragen.

Wir Alten und das Zen

Seit wir denken können, sind wir immer in Aktion und immer für andere da gewesen. Deshalb sammelt sich in unserem Körper eine Erschöpfung an, von der wir nicht wissen, wie und wann wir uns ihr widmen sollen. Wir halten sie für einen Normalzustand, denn wir sehen, dass es unseren Freundinnen ganz ähnlich geht. So viele Jahre schon sind wir von uns selbst entfremdet, dass wir nur noch von Lorazepam und Schuldgefühlen leben, immer denken, wir schaffen es nicht, wir kriegen es nicht hin. Dieses »Unwohlsein, das keinen Namen hat«, wie es die Feministin Betty Friedan vor knapp 60 Jahren in ihrem Klassiker *Der Weiblichkeitswahn* nannte, führt dazu, dass wir uns Vorwürfe machen, weil wir uns schlecht fühlen, obwohl wir doch alles *haben*.

Das Unbehagen zeigt uns, wie der Schein trügt. Wir haben eben nicht alles – uns fehlt das Nötigste, um inneren Frieden zu verspüren, uns fehlt das Gefühl, ein sinnvolles Leben zu führen, in dem auch für unsere eigenen Bedürfnisse Zeit ist, in dem wir innere und äußere Ordnung schaffen können.

Wir haben keine Ruhe in uns. Umgeben von äußerlichem und innerlichem Chaos, haben wir viele Jahre lang gemerkt, wie eine Wut in uns anschwoll, eine zehrende Unruhe. Etwas, das sich von Zeit zu Zeit Bahn zu brechen drohte und das wir jedes Mal zum Schweigen zu bringen versuchten, um der guten Stimmung willen, des Familienfriedens, für den wir uns aufopfern. Uns ängstigt der Zorn, den wir empfinden, weil die Frauen, die ihn zeigen, in unserer Gesellschaft in so schlechtem Ruf stehen (noch eine Form der patriarchalen Kontrolle: bloß immer artig sein). Wir sollten unseren Zorn aber nicht fürchten – er ist ein Alarmsignal, um darauf hinzuweisen, dass wir in einer Situation der Ungerechtigkeit und des Missbrauchs befangen sind, aus der wir herausfinden müssen; bis hierher und nicht weiter! Denn unsere guten Manieren allein, unser Drang nach Aussöhnung und Absprachen, reichen nicht aus, um einen echten Wandel zu erzielen.

Hingegen ist es heilsam, die Wut herauszulassen – es bewahrt uns davor, in Depressionen zu verfallen, uns wehrlos zu fühlen und zu glauben, wir könnten eh nichts an unserer Lage ändern. Unser Zorn ist die moralische Antwort darauf, dass uns das Recht auf volle gesellschaftliche Teilhabe verwehrt bleibt. Das Alarmsignal richtet sich gegen die Fortdauer des Unrechts. Die Wut zu kanalisieren, ist allerdings nicht leicht, denn wir stehen vor einem Dilemma – auf der einen Seite sind wir konfliktscheu und harmoniebedürftig, auf der anderen wollen wir uns die Ungleichheit und Misshandlung wirklich nicht mehr gefallen lassen. Es handelt sich nicht um die Wut eines gekränkten Egos: Die Warnung, dass es so nicht weitergehen kann, kommt aus unserem tiefsten Innern. Die Aktivistin Audre Lorde erkannte diese Wut als notwendig, wenn wir an den Verhältnissen etwas ändern wollen: »Jede Frau hat ein reiches Arsenal an Wut; damit kann sie gegen ebenjene individuelle und strukturelle angehen, die die Wut hervorgerufen hat. Zielgerichtete Wut setzt Kraft und Energie frei, die dem Fortschritt und der Veränderung dienen. Ich spreche hier nicht von simplen Meinungsäußerungen, von zeitweise geglätteten Wogen oder von der Fähigkeit, zu lächeln und sich gut zu fühlen. Ich spreche von einem grundlegenden, radikalen Wandel der Einstellungen, die unser Leben bestimmen.« Ist uns das klar?

Das Alter bietet uns Gelegenheit, nach innen zu schauen und zu wachsen, uns selbst besser zu verstehen und die Fallen zu erkennen, in die wir im Lauf dieses Lebens als liebenswerte Wesen, auf das wir zurückblicken, immer wieder getappt sind. Wir haben nun die Chance, all die Umbrüche, die uns schmerzhaft überrascht haben, in Ruhe für uns einzuordnen. Eine Zeit der Reflexion, der Introspektion, der Meditation. Ein Raum der Stille, in dem wir selbst zur Ruhe kommen und gute Entscheidungen treffen können. Im Alter ziehen wir die Bilanz des Lebens, das wir gelebt haben, können Knoten lösen, die uns bedrücken, und können toxische Beziehungen aus unserem Alltag entfernen. Wir haben die Muße, um uns unsere Möglichkeiten und auch unsere Grenzen klarzumachen und unser Leben dementsprechend zu justieren, bis es wirklich gut zu uns passt. Manche schmerzvollen Erfahrungen, die wir gemacht haben, nisten hartnäckig in unserem Kopf und kehren in einer Spirale des Leidens immer wieder zu uns zurück. Auslöschen können wir diese Erinnerungen nicht, wohl aber brauchen wir Mechanismen, um sie zu verscheuchen, und sei es vorübergehend, damit wir unseren Weg des Friedens, weg von den quälenden Gedanken, finden.

Wir reichern unser Leben um Werte wie Einfachheit, Bedächtigkeit, Geduld und Schlichtheit an, und wir versöhnen uns mit uns selbst, indem wir uns von all den Dringlichkeiten frei machen, aus denen sich unsere Entfremdung zusammensetzt. Unsere Lebensweise ist nun ein Zen ohne Vorschriften, wir suchen die Begegnung mit unserem Sinnen-Selbst, erkennen viel Relatives in unserem Leben und erlangen eine gewisse Gelassenheit. Wir machen nicht mehr so viel Drama.

Auf diesem Weg können uns Bücher nützlich sein, die zur Konzentration auf das Hier und Jetzt einladen – Bücher, die uns ermuntern, die Dinge, die wir für nötig oder heilsam halten, in unserem eigenen Rhythmus zu tun, uns Schritt für Schritt selbst näher zu kommen, nachdem wir so viele Jahre lang weit entfernt von unseren eigenen Bedürfnissen gelebt haben. Zwar wird in diesem Segment des Buchmarkts leider eine Menge Schrott publiziert, doch es gibt auch sehr interessante Texte, einfach geschrieben, dennoch tiefgründig und treffsicher in ihren Anregungen, um unser inneres Selbst wiederzufinden. Sie weisen uns den Weg zur Einfachheit, zur Ruhe, zur Harmonie, zum Widerstand gegen alte Schuldgefühle. Sie zeigen uns, wie wir uns vor der grauen Traurigkeit bewahren, unser Leben nur im Dienst anderer, im Zeichen der Unterordnung und Entfremdung zu begreifen, anstatt in Frieden unsere Wirklichkeit zu genießen.

Wir können es nun auch einfach genießen, für uns selbst zu sein, wir können in Ruhe Dinge tun, bei denen es sich gut allein sein lässt, wie Gartenarbeit, Musik hören, Filme schauen, lesen, kochen sowie Meditation, bewusstes Schweigen, Beten (wer möchte), Yoga, Tai-Chi oder durch andere Strategien zur inneren Befriedung und um unser Bedürfnis nach Transzendenz zu stillen. Alles, was uns das Leben angenehmer macht, unseren Stress abbaut, uns ein Gefühl des Friedens und der inneren Ruhe gibt – sodass wir unsere Gegenwart leben können, anstatt beklommen herumzuirren.

Und bei so viel Transzendenz sind wir schon ziemlich weise geworden. Wir haben jetzt mehr Anhaltspunkte, um zu verstehen, wie die Welt funktioniert. Unsere Erfahrung versetzt uns in die Lage, Probleme aus mehreren Blickwinkeln zu betrachten, um neue und kreative Lösungen zu finden. Wir haben Kenntnisse angesammelt, wissen die Vielfalt der Standpunkte zu schätzen und sind flexibler. Mit den Jahren haben wir uns ein breites Spektrum an emotionalen Ressourcen erarbeitet und können es einsetzen, um in Konflikten zu vermitteln, die uns früher unlösbar erschienen wären. Wir haben viele Leben gelebt, haben Kontakte und Beziehungen angesammelt, überraschende Verbindungen geknüpft, aber auch Allianzen gepflegt, die schon seit unserer Jugend bestehen. Wir sind imstande, mit anderen zusammenzuarbeiten, um gemeinsame Ziele zu erreichen. Verglichen mit früher, sind wir viel geduldiger, gelingt es uns viel besser, alles, was auf uns zukommt, erst einmal in Ruhe zu betrachten.

Und dennoch sehen wir das Alter manchmal bloß als eine finstere Landschaft und erkennen nicht die Öffnungen, durch die das Licht einfällt; anstatt in der Gegenwart zu leben, denken wir immerzu mit Angst an die Zukunft. Und es stimmt ja auch, dass wir mehr als genug Gründe haben, uns der dunklen Seite zuzuwenden, uns unserem Ärger hinzugeben. Aber ebenso wahr ist, dass fast alles bei genauerer Betrachtung eine zweite, nicht so schlimme Seite hat, die wir nicht ganz außer Acht lassen sollten. Unsere innere Stimme sagt, eine weniger negative Haltung wird zwar an dem, was in unserem Leben schiefgelaufen ist, nichts ändern, uns aber erlauben, mit geringstmöglicher Bitterkeit auf unsere Katastrophen zu blicken.

In diesem Alter – wir könnten es zum Alter der Sanftmut erklären – übernimmt unter den Dingen, wie wir dazulernen, der Humor die therapeutische Führungsrolle: als höchst wirksamer Mechanismus, um uns nicht übermäßig zu empören und stattdessen an vielen Situationen das Lachhafte zu erkennen. Unsere Fähigkeit zum Witz spielt eine entscheidende Rolle für unsere körperliche und emotionale Gesundheit, für unseren Gemütszustand. Lachen und Scherzen tun dem Körper enorm gut – sie sättigen das Blut mit Sauerstoff, aktivieren und entspannen die Muskeln, bauen Stress ab –, aber nutzen ebenso dem Kopf und dem sozialen Wesen, das wir sind: Sie lösen Verspannungen in unseren Beziehungen, tragen zu geistiger Ruhe bei, vertreiben Langeweile und Müdigkeit. Unser Humor ist eine echte Stärke, und er ist unsere wirksamste Waffe gegen Altersdiskriminierung und Sexismus. Anstatt uns in Gewaltfantasien zu ergehen, setzen wir die Dinge ins Verhältnis, nehmen ihnen die Dramatik, indem wir einen Schuss Weichmacher hinzufügen, und dann kommt uns eine flinke und angemessene Antwort ganz von selbst über die Lippen. Witz und Humor sind für uns soziale Gleitmittel, sie erleichtern es uns, mit anderen in Kontakt zu treten, uns einzubringen und auch für die Jüngeren interessant und zugänglich zu bleiben. Es ist eine große Hilfe, über Dinge, die uns Sorgen bereiten, scherzen zu können, uns über eigene Schwächen oder Verletzlichkeiten lustig zu machen: Der zugleich respektlose und vertraute Witz lässt uns Zumutungen viel besser ertragen.

Die Kunst des Lachens wissen wir alten Frauen mit Weisheit auszuüben, zur erheblichen Verblüffung einer Gesellschaft, die uns gerne für still und mürrisch hält. Wir lachen über uns selbst, über andere und über die Welt. Wenn wir die Brille der Klugheit im richtigen Schliff tragen, lernen wir gemeinsam, all die grotesken Situationen in unserem Alltag als solche zu erkennen und uns das Lachen nicht zu verkneifen. Geteilter Humor ist gesund und ansteckend. Er rettet uns alle.

Absprachen

› Lerne auch mal gar nichts zu tun, ohne darunter zu leiden.

› Schalte deinen Multitasking-Modus aus. Eins nach dem anderen.

› Vermeide Stress. Lass alles sein, was dich unter Druck setzt, dich beunruhigt, dich hektisch macht.

› Wir sind führend im Konsum von Beruhigungsmitteln und Antidepressiva. Und doch tragen wir die innere Unrast nicht in den Genen, sondern sie nistet in unserem Alltag. Schauen wir genau hin, welche Verantwortlichkeiten wir loswerden können.

› Lass dich von der Slow-Bewegung inspirieren – versuche, alles ohne Hektik zu tun. Dann macht es mehr Spaß und gelingt besser.

› Höre auf deinen Körper und auf dein Gemüt. Geh liebevoll und pfleglich mit dir selbst um, nimm dich ernst. Lass deine Wünsche nicht außer Acht und auch nicht das, was dich schmerzt.

› Erkenne die Knoten des Unbehagens und löse sie. Sprich, benenne, sag, was zu sagen ist.

› Versuche, nicht über vergangene Dinge, Menschen, Begebenheiten zu grübeln, die dich runterziehen. Lenk dich von solchen Gedanken ab – schreib eine Einkaufsliste, schau eine Serie an.

› Suche nach innerem Frieden und äußerer Harmonie. Die Ruhe ist eine gute Begleiterin.

› Wisse die kleinen Dinge zu schätzen.

› Lebe den Augenblick, genieße das Gefühl, ganz bei dem zu sein, was du gerade machst.

› Lerne tief einzuatmen, in den Bauch. Mach Übungen zur Entspannung, Meditation, Yoga, Tai-Chi. Gönn dir mal eine Kur oder vielleicht eine gute Gruppenreise.

› Pflege deine Pflanzen, beobachte sie beim Wachsen und Sprießen. Genieße die Blumen, die du magst und die deine Stille begleiten. Geh spazieren, im Wald, durch die Felder oder im Park.

› Wo die Dinge sich nicht ändern lassen, begib dich ins Zen: Lerne anwesend abwesend zu sein – alles hat ein Ende.

› Spiritualität oder Transzendenz – nicht zwangsläufig religiös – kann eine gute Strategie sein, um mit Problemen fertigzuwerden.

› Lächle. Lache. Erkenne im Alltag das Lustige und Lächerliche. Und wenn du deine Beobachtungen mit Freundinnen teilst, lacht ihr doppelt so viel.

› Nimm die täglichen Überraschungen und Zumutungen mit so viel Humor wie möglich.

- Gönn es dir, alles Absurde um dich herum zu verlachen: Lachen ist eine grandiose Anti-Stress-Maßnahme.

- Aber sei keine alte Frau, die so lacht, als wollte sie sich dafür entschuldigen, dass sie existiert; keine, die versucht, niemandem lästig zu sein. Lächle nicht aus gespielter Fröhlichkeit oder aus Trägheit. Die Zeiten der freundlichen Fassade haben wir hinter uns gelassen.

Kraftvolle Alte

Wir, die alten Frauen von heute, haben viele Wege zurückgelegt, und manche davon hätten wir uns vorher nicht zugetraut. Denn wir lebten im dichten Nebel und konnten überhaupt nicht sehen, wohin wir gingen. Die Kultur, die uns umgab, hat mit allen Mitteln versucht, aus uns nette, lächelnde, charmante Großmütterchen zu machen, die über alles ihnen widerfahrene Unrecht großzügig hinwegsehen, als wäre es nicht passiert – oder schlimmer noch: als würden wir gar nichts davon merken in der senilen Unschuld, die man uns unterstellt. Aber, tut uns leid, wir haben beschlossen, dass wir bei diesem entwürdigenden Spiel nicht mitmachen, sondern uns so zeigen, wie wir wirklich sind. Alte Frauen, die nicht schweigen, sondern ihre Meinung sagen, auf ihre Rechte pochen, Forderungen stellen, Dinge unverblümt aussprechen; höflich, na klar – aber auch ironisch, witzig, extravagant. Zum Glück ist das Alter eine Phase ungebrochener Kreativität und enormer Freiheit, die wir auskosten, indem wir uns immer wieder neu erfinden, neue soziale Rollen für uns entwerfen und in die Praxis umsetzen; neue Formen, Veteranin zu sein, Schwiegermutter, Mutter, Schwester, Nachbarin, Freundin.

Außerdem haben wir uns auf Trab gehalten, unermüdlich, indem wir Beziehungen, Beschäftigungsverhältnisse und sonstige Situationen beendet haben, in denen man uns zum Schweigen bringen wollte. Immer wieder haben wir das Gegenteil von dem getan, was die Gesellschaft von uns erwartete.

Und apropos Schwiegermutter, nun, da das Schreckenswort einmal gefallen ist: Ich werfe hiermit meinen Hut in den Ring für die überfällige feministische Forderung nach unserem Recht, Schwiegermutter zu sein und trotzdem kein Klischee zu werden. Wir sollten uns klarmachen, wie pervers die Besitzansprüche sind, die Frauen in ihrer Eigenschaft als Mutter oder Ehegattin oft an den Tag legen; und wir sollten uns die Freiheit nehmen, unsere Schwiegertochter vor der Achtlosigkeit oder Faulheit unseres eigenen Sohnes zu beschützen – denn der ist nicht unbedingt so perfekt, wie wir dachten. Wir dürfen uns aber auch dafür entscheiden, unser Leben zu genießen, ohne verfügbar zu sein; sie werden schon irgendwie zurechtkommen, und wenn nicht, dann fahren sie ihre Beziehung halt vor die Wand. Und ebenso dürfen wir das Privileg in Anspruch nehmen, als großartige Schwiegermutter in Erscheinung zu treten, egal, ob das auch rechtlich unser Status ist.

Eine der großen Errungenschaften des Patriarchats ist die verbreitete Vorstellung, wir Frauen würden zwangsläufig miteinander rivalisieren. Die Herren glauben immer noch, wir müssten darum kämpfen, welche von uns eine gute Partie abbekommt. Wenn es so wäre, hätten wir nichts zu lachen. Die weibliche Rivalität ist ein mittelalterlicher Wunschtraum, gerichtet gegen die gewaltige Kraft der Schwesterlichkeit, die wir Frauen mit dem Feminismus freigesetzt haben. Findet ihr es nicht unglaublich, wie immer von Schwiegermüttern und Schwiegertöchtern die Rede ist, also von den Frauen, und so gar nicht (kein Wort, kein Witz, keine blöde Bemerkung) von Schwiegervätern und Schwiegersöhnen? Eigentlich reicht schon diese Frage, um das Thema abzuhaken.

Es lässt sich nicht leugnen, dass die Altersdiskriminierung Menschen ab einem bestimmten Zeitpunkt ihres Lebens zunehmend aus den sozialen Zusammenhängen (auch in der Familie) verdrängt, in denen Vorrechte und Ressourcen verteilt werden.

Zugleich spielt sich gerade in diesen Bereichen ein Großteil unserer zwischenmenschlichen Kontakte im Alter ab – umso wichtiger also, dass wir unseren Sinn für die vielfältigen Diskriminierungen schärfen, denen wir ausgesetzt sind: ob als Frauen, ob als Alte, ob als Lesben, ob als Nicht-Lesben, ob als nicht weiße Menschen; wir werden diskriminiert, weil es uns gibt. Unser Sensor lässt uns klar unterscheiden zwischen Liebe und Missbrauch, zwischen Freundlichkeit und Zwang, zwischen Höflichkeit und Desinteresse. Wir sind alt, aber nicht blöd.

Der Alltag als alte Frau ist voller Momente, in denen wir eine gut geschliffene Brille brauchen, um zu erkennen, was uns zugemutet wird – und um dann entsprechend zu handeln. Im Café übersieht dich der Kellner; in Geschäften und Restaurants wirst du später und schlechter bedient; der Arzt schaut deine Tochter an, obwohl er mit dir reden sollte; man bezeichnet dich als *die Oma*, anstatt dich beim Vor- und Nachnamen zu nennen.

Aber nicht alles ist so negativ, wie es auf den ersten Blick scheint: Manchmal sind wir sogar dankbar, dass wir als alte Frauen nicht mehr interessieren. Wenn zum Beispiel bestimmte Leute, denen wir über den Weg laufen, keine Neigung mehr zeigen, uns anzusprechen, wissen wir das zu schätzen. Wir wollen ja auch nicht mit ihnen reden.

Viele von uns haben lange Zeit mit dem Wunsch gelebt, Dinge in unserem Alltag zu ändern, haben das aber immer aufgeschoben, weil unser Leben voller Stress und dringlicherer Angelegenheiten war. Und schließlich schien es uns nicht mehr nötig, weil wir nach all den Jahren ja auch einfach weitermachen konnten wie bisher. Zum Beispiel wollten wir uns anders nennen lassen (nicht mehr Dolores oder Mari Loli, sondern Lola); wir wollten endlich keine Kirchensteuer mehr zahlen, rafften uns aber nicht zum Austritt auf; wir wollten uns scheiden lassen oder doch noch heiraten … In diesen und vielen anderen Situationen sagt uns ein inneres Stimmchen: Lass gut sein, ist doch egal. Zugleich aber begehrt etwas in uns auf: *Nun mach schon, sei endlich überall so, wie du sein willst!* Jetzt ist die Zeit, um dich aus Konventionen zu befreien, die dir übergestülpt wurden, obwohl sie dir eigentlich nicht passen. Du kannst dir jetzt auch den heimlichen Wunsch erfüllen, jemanden zu enterben.

Dass wir Frauen so lange Zeit als zweitrangig galten und kaum auf unsere Stimme gehört wurde, hat uns in gewisser Weise zu einer großen Freiheit verholfen. Wir sehen viel klarer, was unserer Meinung nach anders werden muss, wir können besser einschätzen, wie sich auch Dinge ändern lassen, die in unserer Gesellschaft als unverrückbar gelten. Wir sind freier in unserem Urteil – und zugleich flexibler. Es hat schon seine Gründe, dass unsere Kinder sich an uns, die Mütter, wenden, wenn sie sich für Lebensmodelle abseits der Norm entscheiden und dafür Verständnis und Bestärkung brauchen. Wir sind es, die den Druck herausnehmen und vermitteln können.

Wir haben jetzt die Möglichkeit, wir selbst zu sein, anstatt uns dem Bild zu unterwerfen, das sich die Gesellschaft von alten Menschen macht. Gewiss, diese Freiheit ist weder bequem noch einfach, denn sie steht dem Bedürfnis nach Sicherheit entgegen, das wir nie ganz loswerden: Es scheint in unserem Hinterkopf festzusitzen, auch wenn wir es gar nicht brauchen, weil wir alle Mittel haben, um eigenständig durch die Welt zu gehen. Selbst wenn wir gut ausgebildet, kulturbeflissen und nicht zu knapp bei Kasse sind, zudem stabile Freundschaften pflegen – selbst dann bleibt uns die Angst vor dem Schritt hinaus aus der vermeintlichen Komfortzone.

Unser Weg zur Freiheit hat uns die Augen, die wir jahrelang halb geschlossen hielten, aber derart geöffnet, dass uns gleichermaßen in der Familie wie in Gesellschaft und Öffentlichkeit nichts anderes übrig bleibt, als ein wenig unverschämt zu sein (oder zumindest so zu wirken). Vor allem, solange man von uns erwartet, dass wir im Modus *ständig verfügbar* bleiben und uns um lauter praktische und unerhebliche Probleme kümmern, weil die anderen sie nicht selbst lösen wollen. Es kann sein, dass wir dafür sogar die Zeit hätten, vielleicht auch noch für vieles andere, aber: Wollen wir diese Dinge wirklich tun? Oder sagen wir nur Ja, weil es von uns erwartet wird, wir waren doch immer so hilfsbereit? Doppelt schwer das Ablehnen, wenn die Anfrage von unseren Sprösslingen kommt. Dann müssen wir nicht nur ein bisschen unverschämt sein, sondern obendrein sehr mutig. Aber sie sollen wissen, dass wir ihnen mit unserer Unterstützung einen großen Gefallen tun.

Wir sind uns einig: Was eigenständiges Handeln und Ungezwungenheit betrifft, haben wir viel erreicht – doch nicht genug. Wir brauchen eine politische Agenda für alte Frauen, in deren Mittelpunkt unsere Freiheit im Alter steht. Einen emanzipatorischen, aufklärerischen Ansatz, um auch in neumodischen Normen für das Altsein die Fallstricke zu erkennen. Was als Anregung daherkommt, wie sich im Alter leben lässt, verwandelt sich leicht in ein zermürbendes Diktat, das uns daran hindert, das zu tun, wonach uns wirklich ist. Wir wollen verschiedene Möglichkeiten zur Wahl haben, keine neuen Verpflichtungen – und auch keine Anweisungen, wie wir zur quietschfidelen Omi werden.

Um hier den für uns richtigen Weg zu finden, kann es lehrreich und beruhigend sein, wenn wir uns die Frauen in unserem Bekanntenkreis ansehen, die schon vor uns auf eine andere, nicht den gängigen Vorstellungen entsprechende Weise alt waren: starke Frauen, die, ohne viel Aufhebens darum zu machen, ihre Formel gefunden haben, um in Würde und Annehmlichkeit alt zu werden. Ihr Vorbild zeigt uns, dass die Chance auf Freiheit und Glück mit dem Alter nicht vertan ist.

Wir sind eine Generation – sogar zwei oder drei – von mutigen, kraftvollen alten Frauen, denen nichts anderes übrig blieb, als sich in den Nebel zu stürzen, auf der Suche nach einem Leben in Würde, einem lebenswerten Leben. Es ist ein Langstreckenlauf gewesen, und er ist noch nicht zu Ende; und wir können sicher sein, dass auch jetzt niemand anders ihn für uns übernehmen wird. Doch alles wird leichter und lustiger, wenn wir uns mit anderen Frauen, die ebenfalls andere Wege einschlagen wollen, zusammentun, um uns gemeinsam in diesem Raum ohne Landkarten zurechtzufinden, der für uns das Alter ist.

Unverschämtheiten

› Mach dem Arzt oder der Ärztin klar, dass sie mit dir selbst und nicht mit deiner Begleitung über deine Beschwerden sprechen sollen – es ist dein Körper, es sind deine Entscheidungen.

› Wenn du nicht zu denen gehörst, die ständig wegen irgendwelcher Wehwehchen aufkreuzen, dann lass dir nicht gefallen, dass deine Ärztin oder dein Arzt dir nicht zuhört. Hole eine andere Meinung ein, und du wirst sehen, dass du nicht hysterisch bist, sondern bei klarem Verstand und zu Recht wütend.

› Lass nicht zu, dass man dich irgendwo außerhalb der Familie Oma nennt. Wir haben einen Namen und einen Nachnamen.

› Schau deine Papiere und amtlichen Urkunden durch, und wenn du darin gerne etwas ändern würdest, geh zur Behörde und regele die Dinge in Ruhe. Jetzt hast du die Zeit dafür.

› Lass dich in öffentlichen Verkehrsmitteln nicht wegdrängeln – nicht in Bussen und Bahnen, auch nicht im Flugzeug. Wenn dein Sitznachbar in den Modus Manspreading übergeht, solltest du diplomatisch vorgehen und sein Bein elegant, aber unnachgiebig von deinem Platz wegschieben. Am besten wäre natürlich, du hättest ein paar Kärtchen mit dem Symbol unten zur Hand; ein Bild sagt mehr als tausend Worte. (Das Bild stammt aus einer Kampagne der U-Bahn Madrid aus dem Jahr 2017.)

- Versage dir nichts, nur weil es angeblich nicht gut für dich ist. Wenn wir früher sterben, weil wir Schokolade essen, dann soll es halt so sein. Wenigstens haben wir vorher das Leben genossen.
- Nutze die Chancen, die sich dir bieten. Auf den Zug der Freiheit müssen wir zur Not bei voller Fahrt aufspringen.
- Tausche mit anderen alten Frauen Strategien, Erfahrungen, Errungenschaften für ein angenehmes Alter aus.
- Sei ruhig seltsam und exzentrisch: Das ist zwar keine leichte Aufgabe, zahlt sich aber aus. Du wirst sehen, wie viele andere Frauen dir dann sagen, dass sie gerne sein möchten wie du. Hilf ihnen dabei.
- Werde frech, wenn die Situation es erfordert. Brich die Regeln des grauen Alters eine nach der anderen, unverzagt.
- Verweigere den Gehorsam. Tu alles, was alten Frauen verboten zu sein scheint. Du wirst sehen, davon geht die Welt nicht unter.
- Genieße deine Unverfrorenheit.
- Wir wollen nicht mit Küsschen für Oma abgespeist werden. Weniger Küsschen, mehr Gerechtigkeit.

Alte Frauen, die es gründlich satthaben

Wir alten Frauen sind viele, und wir werden immer mehr. Wir sind vielfältig und haben unseren eigenen Kopf. Als Töchter des bewussten und des unbewussten Feminismus haben wir gelernt, die verschiedenen Bestandteile unseres Alltags und vor allem die Art, wie man uns behandelt, genau zu analysieren. Eine unserer wichtigsten Lektionen war, wie sich das Unsichtbare sichtbar machen lässt – so konnten wir etliche Situationen und Erfahrungen, denen wir allzu oft ausgesetzt sind, beim Namen nennen. Darin werden wir nicht nachlassen, denn wir halten es für notwendig, die Geringschätzung, die wir alten Frauen täglich erleben, in all ihren Erscheinungsformen aufzudecken. Uns bleibt noch vieles zu benennen.

Wir sind es leid, immer wieder in zwischenmenschliche Momente gedrängt zu werden, die unbedingt abgeschafft gehören. Die Probleme, denen dieses Kapitel gewidmet ist, erlebt zwar jede von uns ganz individuell, doch sie betreffen uns gemeinsam, als Gruppe: Sie sind Ausdruck einer Haltung, die das Alter als eine grundsätzlich lästige Lebensphase abtut. Manches, was ich hier an Ärgernissen aufzähle, mag übertrieben oder ungerechtfertigt scheinen. Doch es steht für den Mangel an Aufmerksamkeit, Beachtung und Rücksicht, der uns ständig begegnet.

Fortwährende Klagen sind nichts, worüber man hinweggehen sollte; oft zeigen sie – wie das Fieber bei einer Erkrankung oder die Wut in bestimmten Momenten des Lebens – an, dass etwas wirklich nicht in Ordnung ist. In unserem Fall sind sie der Mechanismus, um in allen Bereichen des Alltags auf Ungerechtigkeit, schlechte Behandlung, Vernachlässigung und Rücksichtslosigkeit gegen alte Menschen hinzuweisen. Viele dieser Missstände werden bisher nicht wahrgenommen, weil sie als *normal* gelten. Da hilft nur Meckern. Und, ja: Klagen sind ernst zu nehmen, zumal wenn sie von Menschen kommen, die sich eigentlich nicht dauernd beschweren.

Zu den wichtigen Dingen, die wir gelernt haben, indem wir unsere Sorgen und Freuden mit unseren Freundinnen teilten, zählt, dass wir nicht spinnen, sondern die Nase voll haben. Und zwar von so einigem mittlerweile. Natürlich von aller offensichtlichen Gewalt – aber auch von bestimmten Arten des scheinbar liebenswürdigen Umgangs, die uns zugemutet werden. Von der Herablassung uns gegenüber, davon, wie man uns infantilisiert und ignoriert. Von bestimmten Freundlichkeiten, hinter denen sich (bei scheinbar besten Absichten) der Wunsch verbirgt, uns loszuwerden. Uns nervt die übermäßige Aufmerksamkeit, die uns zuteilwird, wenn wir sie nicht brauchen und nicht darum gebeten haben – dass zum Beispiel jemand uns schützend beim Arm fasst, wenn wir auf der Straße unterwegs sind, weil diese Person uns mit ihrem Klischee von der hilflosen Tattergreisin verwechselt. (Wie Grace Paley schrieb: »Es wird junge Leute geben, die deinen Arm ergreifen, um dir eine Stufe hinunter oder hinauf zu helfen, und sie werden es etwa fünfzehn Jahre früher tun, als du es willst. Dann brauchst du aber nur zu sagen: ›Lass mich los, Kleiner!‹«)

Wenn wir Hilfe brauchen, werden wir uns schon bemerkbar machen, egal, wie alt wir sind. Wir wollen auch nicht, dass uns Lebenswünsche wie Kanufahren, Schwimmen lernen, Klettern oder nachts Ausgehen versagt werden, weil es *zu unserem Besten* sei. Sobald du diesen Ausdruck hörst, ergreife die Flucht. Danke, aber die Verantwortung für unsere Blessuren übernehmen weiterhin wir: Wir bestimmen selbst über unser Leben. Dass wir alt sind, heißt nicht automatisch, wir wären senil, krank oder ahnungslos. Wir haben viele Jahre auf dem Buckel, ja – die sind unser Kapital.

Wir nehmen nicht hin, dass die einzige Erklärung für die Dinge, die uns widerfahren, sei: *Na ja, in deinem Alter.* Diese Leier macht uns wütend, denn sie besagt, wir sollten uns dem Unvermeidlichen fügen. Für uns sei nur noch das Schlimmste zu erwarten, der Verfall, das Ausscheiden aus dem Spiel, und wenn du *in deinem Alter* trotzdem noch irgendwie mit von der Partie bist, dann sei froh und beklage dich nicht.

Demnach wäre ein Großteil dessen, was uns nervt, eine zwangsläufige Begleiterscheinung des Alters. Doch diese Argumentation bestätigt nur, wie sehr unsere Kultur von Altersdiskriminierung geprägt ist. Wir wissen, dass unsere Ausgrenzung keine Folge unserer angehäuften Lebensjahre ist, sondern einzig daran liegt, dass wir alte Frauen in einer Gesellschaft sind, die dem Jugendkult verfallen ist. Einer Gesellschaft, die sich obendrein mit eindimensionalen Erklärungen begnügt und kaum Antrieb zeigt, die Missstände zu beheben. Kein Wunder also, dass wir es gründlich satthaben.

Die Frage, auf welche Weise und in welchem Ton die meisten Leute und auch gesellschaftlichen Institutionen mit uns sprechen, wäre ein eigenes Kapitel wert. Wir sollten dieses Thema ins Zentrum der Debatte stellen und bei jeder Gelegenheit deutlich machen, dass wir damit nicht einverstanden sind. Nur so – und nur gemeinsam – können wir erreichen, dass wir nicht mehr sprachlich abgewertet, infantilisiert, entmündigt werden. Im Englischen gibt es mittlerweile ein Wort für die spezifische Art, wie mit alten Menschen geredet wird: *Elderspeak*. *Elderspeak* ist eine Art von Misshandlung, eine Form subtiler Gewalt, die unser Selbstwertgefühl untergräbt und uns letztlich zunichte machen will. Systematische Bevormundung aus fehlendem Respekt vor den Fähigkeiten eines Menschen, bloß weil er alt ist. Missachtung, verpackt als Fürsorglichkeit.

Es hängt uns wirklich zum Hals raus, dass man mit uns spricht, als wären wir Kleinkinder oder bekloppt. Schlimm ist es, wenn man uns mit Diminutiven belästigt – *Wollen Sie aufs Klöchen gehen? Heben Sie mal kurz das Händchen. Wo ist denn nur das Brillchen wieder?* – demütigend! O ja, wir sind undankbar. Wir haben es satt, dass uns gegenüber ein Ton angeschlagen wird, der zwischen kindisch und genervt liegt, dazu noch immer lauter als nötig, weil wir per se als schwerhörig gelten. Vielleicht sind wir das sogar, anschreien muss man uns trotzdem nicht. Und auch diesen schleimigen Ton, der vor falscher Freundlichkeit trieft, können wir nicht ausstehen. Es beleidigt unseren Verstand, wenn man nur extrakurze und simple Sätze an uns richtet, als ob wir sonst nicht folgen könnten. Ebenso die überflüssigen Wiederholungen, als wäre unsere körperliche Langsamkeit gleichbedeutend mit geistiger Erstarrung. Man gibt uns dauernd Erklärungen, die wir weder wünschen noch brauchen, und allzu oft begegnen wir auch einer völlig unangebrachten Vertraulichkeit.

Schon gar nicht auszuhalten ist die Ansprache in der ersten Person Plural: *Wie geht es uns heute? Tut uns der Arm weh, wenn wir ihn anheben?* Wer hat sich diese Redeweise ausgedacht? Wozu ein Kollektivpronomen, wenn man sich an eine einzelne Person wendet? Warum werden wir zu Wesen ohne Namen gemacht, abgeschoben in einen anonymen Plural? Dieses »Wir« behauptet eine Verbundenheit oder gar Verschworenheit, von der keine Rede sein kann, was auch alle wissen. In Wahrheit platziert es das Alter im Bereich des *Anderen*, dem *wir uns* zwar widmen müssen, weil es *uns* gegenübersitzt, dem *wir* aber keine erwachsene Identität zugestehen.

Verbitten wollen wir uns die Bezeichnung *Oma*. Sie wird immer noch oft auf alte Frauen angewandt, unabhängig davon, ob wir Enkelkinder haben oder nicht. Manche behaupten, das sei irgendwie zärtlich gemeint, aber die meisten von uns haben darauf gar keine Lust – und schlagkräftige Argumente für unsere Abneigung. Wenn wir Oma sind, dann nur für die Kinder unserer Kinder. Wir nennen ja auch nicht jede Frau ab 30 *Mama*. Die Bezeichnung *Oma* ist ein weiterer Beleg für die Kollektivierung, der wir zum Opfer fallen – sonst nichts. Ich liebe diese Stelle aus Muriel Sparks Roman *Memento Mori*: »Vor einem Jahr, als Miss Taylor auf der Station eingeliefert worden war, hatte sie furchtbar darunter gelitten, dass man von ihr als ›Oma Taylor‹ sprach, und gedacht, sie würde lieber in einem Graben verrecken, als unter diesen Bedingungen am Leben gehalten zu werden.«

So ist es. Alle Alten werden über einen Kamm geschoren, alle sind *Omas*, so muss man nicht einmal mehr ihre Namen lernen. Aber der entscheidende Punkt ist für mich, dass diese Einheitsbezeichnung uns auf eine ganz bestimmte Rolle reduziert – auf unsere vermeintlich einzig relevante Funktion – und so mit einem Wisch jegliche berufliche, intellektuelle, politische und zivile Identität auslöscht, die wir auch noch haben. Sehen wir eine Frau nur als *Oma*, werten wir sie ab, nehmen ihr die Freiheit und Eigenheit. Wir zementieren ihre Zweitrangigkeit – alle bloß Omas, alle gleichermaßen unbedeutend.

Der bescheuerte Ausdruck *unsere Alten* hängt uns ebenfalls zum Hals heraus. Wir sagen ja auch nicht *unsere Erwachsenen*, wenn es um die Bevölkerung in mittleren Jahren geht. Und wieder heißt es, dieses »unsere« sei liebevoll gemeint, dabei ist es bloß herablassend und übergriffig. Wir lehnen diese Vereinnahmung ab: Wir, die Alten, die Veteraninnen, die Vorreiterinnen, die Langlebigen, gehören niemandem außer uns selbst. Schließlich war es alles andere als leicht, uns mit den Jahren unsere eigene Identität zu erkämpfen und uns von den klebrigen Klischees der romantischen Liebe und der bitteren Ehe zu befreien. Zu Subjekten zu werden. Wir sind nicht »eure Alten«. Wir sind die Alten des Landes, der älteste Bevölkerungsteil, und wir wollen mit Respekt behandelt und benannt werden. Ursula K. Le Guin hat uns bereits gewarnt, dass die Sentimentalisierung des Alters eine Form von Verachtung sei. Dem ist nichts hinzuzufügen.

Darüber hinaus klingt das Wort *unsere* – das Gemeinsamkeit, Gemeinschaft, Zusammenhalt verkündet – zynisch und empörend in dieser Zeit der Pandemie, in der wir zu einer unsichtbaren, vereinsamten, gestaltlosen Masse degradiert wurden. Nicht überall in Europa waren die Zustände so katastrophal wie in Spanien, aber menschlich waren sie nirgends. Eine rücksichtslose Gesellschaft ließ uns in den Altersheimen verkommen und in großer Zahl lautlos sterben.

Wiederum ein eigenes Kapitel hätten die Hast und Ruppigkeit verdient, die uns oft begegnen. Ungeduld bringt miese Umgangsformen hervor. Wer sich für einen Moment zerstreuen lässt, wird angeschnauzt. Man erwartet immer gleich Antworten, eine sofortige Reaktion, die wir Alten aber oft nicht geben können oder wollen. Zu den interessantesten Eigenschaften des Alters zählt ja gerade die Bedächtigkeit als Alltagstugend. Sie zeichnet das Menschenleben am Anfang und am Ende aus. Ich sehe sie als Stärke und nicht als Schwäche, wie es unsere Ungeduldsgesellschaft tut.

Ruhe und Gelassenheit sind echte Errungenschaften, nachdem wir so viele Jahre lang immer auf Hochtouren gelaufen sind und nie die Zeit fanden, um eine gesunde Distanz zu all dem Stress einzunehmen. Nun endlich können wir, entschleunigt in Körper und Geist, ganz ohne Hektik und Drama beobachten und einschätzen, was mit uns und um uns herum geschieht. Wir bewegen uns gemächlich, ohne zu straucheln. Wir nehmen uns Zeit zum Nachdenken, zum Meditieren – und um unseren Konsum an angstlösenden Mittelchen herunterzufahren. Jedoch wird das in vielen Alltagssituationen falsch aufgefasst und führt dazu, dass man besonders hektisch mit uns verfährt – anstatt unsere Langsamkeit wie eine Ampel auf Gelb zu betrachten, als einen Hinweis, die eigene Geschwindigkeit zu reduzieren; als ein Licht.

Die Eile, mit der wir abgefertigt werden, ist eines der großen Hindernisse in der verbalen Kommunikation, im Gespräch, beim Zuhören, nun, da wir öfter erst nach den richtigen Worten, den passenden Begriffen suchen müssen. Wir sprechen langsamer, weil wir länger brauchen, um unsere Gedanken zu sammeln, zu formulieren – und um unser Gegenüber zu verstehen. Vor allem, wenn am Ende der Sätze die Stimme gesenkt wird, sodass uns die letzten Worte dessen entgehen, was man uns sagt, und wir sie uns erst zusammenreimen müssen. Das kann auch sehr ermüden.

In anderen Kontexten wiederum wird geheuchelt, man mache mit uns gemeinsame Sache, und so getan, als hätten wir die Wahl, entweder sexy alte Ladys in einer schrillen neuen Welt zu sein – oder unausstehliche, herrschsüchtige Hexen. Ebenso sehr stören uns die Medienbilder von den drolligen, wunderlichen, gebrechlichen oder geschwätzigen Alten. Und natürlich haben wir keine Lust, als Werbeträgerinnen nur für so traurige Produkte wie Inkontinenz-Einlagen oder Zahnersatz aufzutreten. Auch nicht besser sind aber die verlogenen Bilder von dauerfröhlichen Junggebliebenen. Wir alle haben schon Werbung für Altenheime gesehen, in denen Greisinnen von jugendlicher Schönheit durch eine Traumlandschaft flanieren – reine Abzocke. Und alles andere als ungefährlich, denn dieses Idealbild der eleganten Rentnerin soll sein, was wir gefälligst anzustreben haben; so diktiert es ein kapitalistisches Denken, dessen Rollenmodell immer die ökonomisch und kulturell besonders privilegierten Frauen sind. Erreicht wird damit aber nur eine gigantische Unzufriedenheit und für jene, die der Verlockung erliegen, der finanzielle Ruin. Wir Alten sind die ärmste Bevölkerungsgruppe, aber auch uns will man noch ausplündern.

In solchen Hochglanzbroschüren findet sich keine Spur von alten Frauen, die im Korb eines Rollators ihre Einkäufe nach Hause schieben. Statt uns realistische Bilder zu bieten, mit denen wir uns identifizieren können, werden bloß die abwertenden Klischees vom Alter verfestigt, gegen die sich diese Kampagnen angeblich richten. Ausnahmen sind derart selten, dass sie in der Tat nur die Regel bestätigen. Wir werden nicht so gezeigt, wie wir wirklich aussehen – nicht als interessante und interessierte, vielschichtige und nachdenkliche Frauen in den ganz unterschiedlichen sozialen Rollen, die wir verlässlich ausfüllen. Die gängigen Medienbilder von alten Frauen werden unserer Vielfalt überhaupt nicht gerecht.

Andere Bilder zu schaffen, ist nicht einfach, und ob es gelingt, hängt wesentlich davon ab, wie hartnäckig wir selbst darauf pochen, dass in den Medien nach und nach immer unterschiedlichere alte Frauen auftauchen, dass sie in ihrer Würde gezeigt werden und damit auch als realistische Vorbilder für die Jüngeren taugen: *So wie diese alte Frau könnte ich später mal sein.*

Mehr als satt haben wir die Behandlung, die uns im Gesundheitssystem zuteilwird, die Kälte, die Hast, das Desinteresse. In diesem Bereich tritt Altersdiskriminierung besonders unverblümt zutage, in der Sprache, in den Blicken, in der Unaufmerksamkeit und Arroganz von Ärzt*innen, die gar nicht erst verhehlen, dass sie keine Lust haben, uns zuzuhören oder uns die Dinge vernünftig zu erklären – und erst recht nicht, wenn wir eigene Fragen stellen oder Zweifel bekunden. Das fehlte ja gerade noch. Nach unseren Wünschen oder Abneigungen wird nicht gefragt. Oft speist man uns mit vagen, schludrigen Informationen ab in der Annahme, wir würden sie eh nicht verstehen beziehungsweise blind den Anweisungen der Fachleute folgen. Eine fortwährende Demütigung. Die Ausbildung von Ärzt*innen und anderem medizinischem Personal sollte dringend um spezielle Schulungen im Umgang mit alten Menschen ergänzt werden – gerne so, wie das Personal eines 5-Sterne-Hotels im Umgang mit seinen Gästen geschult wird. Mindestens ebenso hoch wie die klinische Präzision sollten die Werte des Gut-Behandelns, des Hinsehens, Zuhörens und Erklärens, der Ruhe und des Taktgefühls stehen.

Und sei es bei der Ärztin, bei der Bank oder an jedem anderen Ort, wo es um unsere persönlichen Angelegenheiten geht: Wir wollen uns nicht gefallen lassen, dass die Meinung unserer Kinder mehr zählen soll als unsere eigenen Wünsche und Entscheidungen. Diese sind in jeder Situation unseres Lebens unbedingt zu respektieren.

Langsam, aber sicher können wir gemeinsam all die Arten der Interaktion benennen, bei denen sich selbst hinter übertriebener Fürsorge noch Gewalt und Desinteresse verbergen. Es handelt sich vor allem um Kontrollmechanismen, die uns in den Nebel der Bedeutungslosigkeit und Unsichtbarkeit hüllen.

Jeder gesellschaftliche Wandel beginnt als individueller Wandel. Wir konstruieren uns selbst in der ständigen Wechselbeziehung zwischen uns als einzelne Frauen und der Gesellschaft ringsum. Viele unangenehme Situationen, die wir erleben, bestehen fort, weil wir sie für unveränderlich halten, uns einschüchtern lassen und weder einzeln noch gemeinsam laut genug gegen die Missstände protestieren. Doch jeder Fortschritt ist mehr wert, als er kostet. Noch ist es für uns nicht zu spät, um alle zusammen für ein Alter in Würde und mit Respekt vor dem Leben einer jeden von uns zu kämpfen. Wir können unser eigenes *Wir* formulieren und gemeinsam den Wandel anstoßen.

Doch nur dann wird sich etwas ändern, wenn wir wirklich alle dazu beitragen, in der festen Überzeugung, dass wir aus unserer kleinen Ecke heraus eine 180-Grad-Wende herbeiführen können. Sodass, dank unserer vereinten Anstrengung, diese Gesellschaft endlich lernt, das Leben der Alten ernst zu nehmen.

Was wollen die Seniorinnen von heute?

So wie Olympe de Gouges in Frankreich am 5. September 1791 die *Erklärung der Rechte der Frau und der Bürgerin* vorlegte, sollten wir, finde ich, heute *Die Rechte und Wünsche der alten Frauen* formulieren: als unveräußerliche Willensbekundungen, die von allen Personen, Institutionen und Behörden zu achten sind. Das Grundanliegen wäre, dass unsere Würde und unser Anrecht auf Respekt und Lebensglück zu jeder Zeit und unter allen Umständen unseres Lebens gewahrt bleiben muss – sodass wir weder dem guten oder schlechten Willen unserer Familien noch der Fahrlässigkeit von Einrichtungen oder Behörden ausgeliefert sind.

Die *Rechte und Wünsche*, die wir zu verkünden vorschlagen, schützen die Freiheit, das Eigentum und die Sicherheit der Alten und sollen jede Art von Missbrauch, Unterdrückung und Verwahrlosung ausschließen. Um das zu erreichen, gilt es, all die Fäden zu verweben, die es uns ermöglichen, ein angenehmes, selbstbewusstes Alter zu erleben und dabei sichtbar zu bleiben. Wir müssen den neuen Bildern und dem vielfältigen Leben der Alten von heute Anerkennung und Wertschätzung verschaffen. Wir müssen sie zeigen, und zwar nicht als etwas Exotisches, sondern als Teil des aktiven und bedeutungsvollen Lebens unserer Gesellschaft.

Dies ist ein sehr weitreichendes Unterfangen. Es erfordert eine gemeinsame Anstrengung aller gesellschaftlichen Kräfte

– insbesondere auch der Jüngeren. Sie können mit ihrer Wachsamkeit helfen, die Dinge zu erkennen, die im Leben der Frauen, die ihnen vorausgehen, geändert werden müssen. Damit, wenn sie selbst alt werden, ihr eigenes Leben und das der anderen frei sein wird von den Zwängen, die uns heute im Alter bedrücken.

Das Vorhaben vereint immer mehr ganz unterschiedliche Menschen und Institutionen, denen Gerechtigkeit und gute Behandlung für Menschen im Alter ein Bedürfnis sind. Speziell im Hinblick auf die alten Frauen und an die Themen dieses Buches anknüpfend, kommt mir eine Reihe von Ansprüchen in den Sinn (jawohl, Ansprüche: Wenn wir zu nachsichtig sind, geht bloß alles weiter wie bisher), die sicher vielen von uns wesentlich erscheinen; und eine Reihe weiterer, die sich eher aus meinen individuellen Leidenschaften speisen und von manchen geteilt, von anderen abgelehnt werden dürften. Nicht schlimm – wir sind vielfältig.

Ich werde diese Wünsche und Bedürfnisse auf der Grundlage meiner bisher hier angestellten Überlegungen skizzieren. Allerdings betrachte ich die Liste als offen für Ergänzungen und Modifizierungen aller Art. Ich möchte in ihr gerne das niederlegen, was unsere gemeinsame Stimme spricht. Als ein Gerüst für ein würdevolles Leben im Alter, auch als Gegenentwurf zu der tödlichen, bittersüßen Liebe, mit der die Gesellschaft uns begegnet. Fürs Erste sind es nur ein paar Notizen.

1. Wir wollen alt sein, ohne einen anderen Anschein erwecken zu müssen. Alt sein und auch so aussehen.

2. Wir wollen in allen Bereichen als Gestalterinnen unseres eigenen Lebens anerkannt werden.

3. Wir wollen, dass unser Wille in jeder Hinsicht respektiert wird.

4. Wir wollen, dass sich unsere Wünsche erfüllen, so extravagant sie auch erscheinen mögen – über manche davon sind wir uns vielleicht erst im Alter klar geworden. Wir wollen sie in die Tat umsetzen, nachdem wir jahrhundertelang kostenlos eingesprungen sind, damit andere sich in Ruhe ihre Wünsche erfüllen konnten.

5. Wir wollen Wertschätzung für das, was wir sind, waren und sein werden. Wir sind am Leben, wir denken weiterhin, haben Wünsche, sind produktiv, haben etwas beizutragen.

6. Wir wollen als kluge Frauen, Lehrmeisterinnen, Mentorinnen anerkannt, aber nicht in ehrfürchtigem Ton als gebrechliche Greisinnen behandelt werden.

7. Wir haben Namen und Nachnamen. Mit diesen wollen wir genannt werden und auf keinen Fall Oma.

8. Wir sind individuelle Wesen, keine einförmige Masse. Es gibt gewaltige Unterschiede zwischen uns. Wir wollen, dass unsere Bedürfnisse und Eigenheiten erkannt, geachtet und in allen Bereichen des Lebens berücksichtigt werden.

9. Wir halten es für gerecht, dass unser kontinuierlicher, systematischer und unentgeltlicher Beitrag zum Leben und zur Zivilisation auf diesem Planeten zumindest mit einer anständigen Rente entlohnt wird.

10. Als freie alte Frauen, die wir sind oder zu sein beanspruchen, wollen wir über unser Geld – egal, ob es wenig, viel oder fast gar keins ist – eigenständig verfügen. Wir brauchen keine Überwachung.

11. Wir wollen selbst entscheiden, wem wir etwas vererben – ohne dass Verwandtschaftsverhältnisse uns binden. Diejenigen, deren Freundschaft und Güte uns im Leben froh gemacht haben, verdienen sich die Zuwendung vielleicht eher.

12. Aus denselben Gründen wollen wir unseren inneren Mut stärken und die rechtliche Handhabe verbessern, um unsere Kinder enterben zu können (ja, auch ohne Pflichtanteil), wenn sie uns im Alter im Stich lassen.

13. Wir wollen selbst entscheiden, ob wir sexuelle Wesen sind oder nicht.

14. Wir haben gelernt, unseren gealterten Körper zu achten, was nicht einfach war angesichts der Altersdiskriminierung, die in unserer Gesellschaft gleichermaßen ästhetisch, affektiv und im Beruflichen verwurzelt ist. Deshalb wollen wir Kleidung kaufen können, die uns gefällt, die zugleich bequem und schön ist und die uns nicht lächerlich oder erbärmlich aussehen lässt. Auch wollen wir Frisuren tragen, mit denen wir uns elegant und frei fühlen, ohne uns dafür quälen zu müssen. Graues Haar als Zeichen von Stil und Eigenständigkeit!

15. Wir wollen weiter zu Hause wohnen. Vielleicht muss die Wohnung ein wenig angepasst werden, aber das macht nichts. Wir wollen uns nicht überflüssig fühlen.

16. Wir wollen, dass das Modell der »Wechsel-Oma« sozial geächtet wird: die Unsitte, dass wir Alten unter unseren Kindern herumgereicht werden, je nachdem, wie es ihnen gerade passt, und nicht, wie wir selbst es wollen. Das geht nur in gut begründeten Ausnahmefällen.

17. Wir wollen einen bequemen und gut getakteten öffentlichen Nahverkehr, angepasst an die Bedürfnisse der älteren Bevölkerung. Wenn möglich gratis.

18. Wir wünschen uns, dass wir überall – und besonders in den Medien – als Normalität und nicht als Ausnahme dargestellt werden; mit wahrheitsgetreuen und ehrlichen Bildern unseres Lebens als alte Menschen, die zeigen, wie vielfältig und bunt wir sind. Alle Bilder von uns sollten unser Ansehen wahren; stigmatisierende und herabwürdigende Sprache sollte erkannt und verbannt werden. In Film, Fernsehen, Serien und Werbung sollten wir mit Würde und Respekt dargestellt werden. In jedem Film sollten alte Menschen vorkommen.

19. Wir fordern von Ärzt*innen und allen im Gesundheitswesen Beschäftigten einen respektvollen, einfühlsamen und unserer würdigen Umgang. Sie sollen uns Fragen stellen, uns zuhören – und mit uns reden, nicht mit den Personen, die uns begleiten. Diagnose, Prognose und Therapie sollen mit uns selbst besprochen werden, in klaren und direkten Worten. Abgeschafft gehört im Gespräch mit uns dieser unstete, gleichgültige und desinteressierte Blick, der uns so sehr verletzt. Das Gesundheitswesen soll unseren Körper und unseren Geist ernst nehmen. Unsere Privatsphäre ist zu achten, auch bei der Visite im Krankenhaus.

20. Wir wollen ein effektives soziales System der Alltagsunterstützung für hilfsbedürftige alte Menschen, sodass diese nicht zwangsweise und allein den Kindern überlassen bleibt, die ja oft mehr als genug mit ihrem eigenen Leben zu tun haben.

21. Unsere Patient*innenverfügung ist aufs Haar zu befolgen, ohne sentimentale Deuteleien. Jede unserer Entscheidungen

muss umgesetzt und unser Wille erfüllt werden, auch wenn wir nicht mehr in der Lage sind, uns zu äußern.

22. Wenn nötig, wollen wir eine Palliativtherapie, damit unsere Würde und Selbstbestimmung bis zu unserer letzten Minute gewahrt bleiben.

23. Wir fordern, dass alte Frauen ihren Raum in sämtlichen politischen Programmen und Projekten erhalten. Dass wir einbezogen werden in alle Aktivitäten auf politischer Ebene, dass man uns zuhört und unsere Bedürfnisse und Vorschläge als Priorität behandelt. Dass wir alten Menschen in jedem Bericht, der erstellt wird, selbstverständlich mit vorkommen. Diese systematische Einbeziehung muss das Gegenteil von Bevormundung sein: in Anerkennung des Beitrags, den wir Frauen in unserem langen Leben zur Zivilisation der Welt geleistet haben und weiterhin leisten.

24. Dringend muss die Haltung der Altenheime im Hinblick auf Freiheit, Sexualität und Würde revidiert werden. Wir wollen ungehinderten Zugang zu unserem Eigentum, zu unserem Geld und zu den verschiedenen Kommunikationsmitteln, die es uns ermöglichen, weiter an der Welt teilzuhaben. Wir wollen liebevoll behandelt und in unserer Individualität geachtet werden. Man gehe einfühlsam mit uns um, respektiere unsere Privatsphäre, unsere Intimität, behandele Vertrauliches vertraulich. Jeder Umgang mit uns sollte auf ethischen Grundsätzen beruhen. In allen Fällen und Situationen soll der Wille des alten Menschen berücksichtigt und auch nicht in Absprache mit unseren Kindern umschifft werden.

Ja, wir verdienen Respekt, Anerkennung und gute Behandlung. Und die Umsetzung dieser Forderungen wird dazu beitragen, dass wir uns wertgeschätzt, verstanden und einbezogen fühlen. Als vollwertige Bürgerinnen, die ihren Platz in der Welt einnehmen.

Die Welt der Alten groß machen

Was brauchen alte Frauen, um aktiv mitzumischen beim Umbau der Bilder vom Alter, die uns heute noch Tag für Tag einschränken und quälen? Wie können wir unsere Welt groß genug machen? Um uns wirklich einzubringen und einen echten Wandel in der Haltung unserer Gesellschaft zum weiblichen Alter zu erreichen, müssen wir die Mechanismen der Diskriminierung, denen wir ausgesetzt sind, genau untersuchen. Nur so schaffen wir die Voraussetzungen für ein Alter in Würde und Respekt und laufen nicht Gefahr, uns dem Druck von *Du musst möglichst jugendlich erscheinen* zu unterwerfen.

Wir werden noch viele Jahre als alte und weiter alternde Frauen leben. Für diese lange Zeit können wir uns nicht von heute auf morgen bereit machen. Unser Leben in den kommenden Jahren ergibt sich nicht von selbst: Es liegt an uns, dafür die Infrastruktur, den Raum, die mentale Einstellung und das nötige Netzwerk zu schaffen. Wir müssen uns klarmachen, dass es sich um einen Prozess von vitaler Bedeutung handelt und dass nur wir ihm eine konkrete Richtung geben können: als Weg zum guten Alter, zum (An-)Erkennen unserer Wünsche, zu einem Glück, wie wir es wirklich erlangen können (eben nicht das verlogene, uneinlösbare »Glück«, auf das man uns von klein auf programmiert hat).

Die Schlüsselbegriffe lauten – wie ich in diesem Text ja immer wieder dargelegt habe – Würde, Respekt (gleichermaßen seitens der Gesellschaft wie in Gestalt von Selbstachtung) und Anerkennung der Vielfalt im Alter. Um alten Menschen in ihrer geistigen Eigenständigkeit und persönlichen Integrität gerecht zu werden, brauchen wir Maßnahmen, die unser Leben wirklich verändern – also mehr als staatliche Wohltaten, neue Unterhaltungsangebote und bessere Hilfsdienste. Eine wahrhaft feministische Initiative wird immer von der Handlungs- und Gestaltungsfähigkeit der alten Frauen selbst ausgehen: Nur aus eigener Kraft können wir das Leben im Alter revolutionieren.

Und jede sozialpolitische Korrektur zugunsten der Alten wird es der Gesellschaft erlauben, von unserer Weisheit und Courage zu profitieren. Wenn man uns in die wichtigen Funktionsprozesse der Gemeinschaft einbindet und uns neue öffentliche Rollen zutraut, dann wird sich zeigen, was wir an Kenntnissen zum Gemeinwohl beizutragen haben – als mündige, gut informierte Bürgerinnen und Konsumentinnen. Dafür müssen wir die Stimmen und Erfahrungen derer, die uns vorangegangen sind, zurückgewinnen und ihrem Blick auf die Welt die nötige Legitimierung verschaffen.

Bisher steht allerdings eine Förderung der politischen Teilhabe der Alten in unserer Gesellschaft nicht auf der Tagesordnung. Unsere Möglichkeiten der Mitbestimmung in Angelegenheiten, die uns direkt betreffen, sind erschütternd gering. Wie kann es sein, dass wir bei der Menge an Weisheit und Erfahrung, die wir mitbringen, so wenig Einfluss auf Entscheidungen von gesellschaftlicher Tragweite haben?

Nicht vergessen dürfen wir, dass das Altwerden in unserer Privilegien-Kultur für Frauen nicht dasselbe ist wie für Männer. Wenn wir sinnvolle Maßnahmen auf den Weg bringen wollen, müssen wir die Auswirkungen des Alters auf das Leben von Frauen gesondert betrachten. Ihre Rechte sind speziell zu schützen und zu verteidigen, da sie ein Leben lang gesellschaftlich und wirtschaftlich benachteiligt gewesen sind. Wir alle wissen, dass materielle Armut eins der schwerwiegendsten Probleme alter Frauen ist. Frauen, die ihr ganzes Arbeitsleben in prekären Beschäftigungsverhältnissen verbracht haben, für Hungerlöhne und meist ohne Sozialversicherungsbeiträge, wurden damit auch der Möglichkeit beraubt, nennenswerte Rentenansprüche zu sammeln. Mehrere Faktoren begünstigen diesen Missstand. In manchen Fällen spielt geringe Bildung eine Rolle. Oft aber ist es, weil die Frauen nur auf dem »unsichtbaren Arbeitsmarkt« tätig waren – etwa im Haushalt oder in der Landwirtschaft zur Selbstversorgung. Und vielfach verhindern die zahlreichen Unterbrechungen im Arbeitsleben von Frauen, dass sie es auf ein angemessenes Einkommen bringen. So bleiben sie auch als Rentnerinnen vom Geld des Ehemanns abhängig (beziehungsweise von der Witwenrente).

Dass die Frauen traditionell alleine für die Kinder in der Familie zuständig waren, ist ein weiterer Hauptgrund für ihre Schutzlosigkeit im Alter. Ein Leben lang haben sie für andere gesorgt, nun gibt es niemanden, der sich um sie kümmert. Wir sprechen von Frauen, die mit ihrem Einsatz für die Familie weitaus mehr zum Wohlstand im Land beitragen, als sie jemals in Form von Rente, Pflege- und Hilfsdienstleistungen zurückerhalten werden.

Wie können einer Gesellschaft alte Frauen als Belastung gelten, wenn sie doch einen Großteil der Arbeit leisten, die das Weiterbestehen der Menschheit sichert? Frauen, die noch im hohen Alter Betreuungsaufgaben in der Familie übernehmen und oft die Einzigen sind, die sich um kranke oder behinderte Angehörige kümmern.

Bei allen gesellschaftlichen Maßnahmen zur Verbesserung der Lage alter Frauen sollten folgende Punkte berücksichtigt werden:

› Die Aufwertung der weiblichen Linie in den Familien.

› Der Wert ihrer Netzwerke für die Zivilisation der Welt.

- Ihre Beiträge zu einem nachhaltigen Leben, zur Gemeinschaft und zur Gesellschaft.
- Ihre Bedeutung für die Weiterentwicklung und Vermittlung von Wissen und Kultur.
- Ihr produktiver Beitrag zur Wirtschaft.
- Der Nutzen, den die Gesellschaft aus ihrer freiwilligen Arbeit zieht.
- Ihr Anteil am materiellen Wohl der Familie und der Gemeinschaft.
- Ihre Identität als verantwortungsvolle Konsumentinnen.

Eine Politik, die den Bedürfnissen und Eigenheiten alter Frauen gerecht werden will, sollte Folgendes tun:

- Die wissenschaftliche Forschung über Lebenswirklichkeit, Erfahrungswelten und Bedürfnisse alter Frauen fördern: in Gestalt innovativer und auf praktische Umsetzbarkeit ausgerichteter Projekte, bei denen die Alten vor allem selbst zu Wort kommen. Damit die erheblich gewandelte Realität der heutigen alten Frauen sichtbar und das gängige Negativbild vom Alter abgebaut wird.
- Studien zu den neuen Räumen veranlassen, die sich die Veteraninnen in der Gesellschaft bereits erschlossen haben, und zur Bedeutung der diversen sozialen Rollen, die sie ausfüllen. Die Vielzahl und Vielfalt der Bereiche sichtbar machen, in denen alte Frauen heute präsent und aktiv sind.
- Die finanziellen Mittel, aber auch fundierte Informationen und wissenschaftliche Erkenntnisse bereitstellen, um die Lebensqualität für alte Frauen gezielt zu verbessern. Mit dem

Ziel, ihnen ein gesundes und aktives Alter zu ermöglichen, im Rahmen ihrer individuellen Wünsche und Fähigkeiten.

› Ermitteln, an welchen Orten schon gute Ansätze praktiziert und neue Wege zur Lebensgestaltung für Seniorinnen aufgezeigt und erprobt werden. Eine Institution eigens für diese Ermittlungen schaffen.

› Die Rolle der Medien bei der Konstruktion negativer Stereotype von alten Frauen erkennen und dagegen vorgehen.

Um die alten Frauen in unserer Gesellschaft wirklich sichtbar zu machen und ihnen ein Leben in Würde auch im öffentlichen Raum zu sichern, wäre wiederum Folgendes notwendig:

› Sie als vollwertige Gesprächspartnerinnen zu achten – Politik mit den Alten zu machen und nicht für die Alten; ihnen zuzuhören.

› Sie bei der Planung von Maßnahmen und Dienstleistungen zu berücksichtigen. Sie in alle entsprechenden Initiativen und Programme einzubeziehen.

› Für jeden Vorschlag die Zustimmung der Verbände zu suchen, in denen alte Menschen sich organisieren.

› Senior*innen in allen institutionellen Dokumenten sichtbar zu machen. Ihre Bilder zu zeigen, unabhängig davon, ob sich die jeweilige Initiative speziell an sie richtet oder nicht. Sie immer mit zu berücksichtigen.

› Die Teilhabe alter Frauen am öffentlichen Leben zu fördern, sie auf allen Ebenen in die Entscheidungsprozesse einzubinden.

› Vereine, Verbände und Interessengruppen von Senior*innen zu unterstützen, denn sie stehen für gesellschaftliche Solidarität, persönliche Weiterentwicklung, Lebensqualität, Austausch und gegenseitige Hilfe.

› Frauenverbände aller Altersgruppen gut auszustatten: mit Fördermitteln und öffentlicher Wirksamkeit.

› Ehrenamtliches Engagement zu unterstützen – Kooperativen, Bürgerbeteiligung, aktive Zivilgesellschaft – statt ungezielter Wohlfahrtspflege.

› Überall Dienste einzurichten, die es den Alten ermöglichen, weiter ihre Bürgerrechte auszuüben und am öffentlichen Leben beteiligt zu bleiben.

› Den Zugang alter Menschen zu Kulturveranstaltungen zu verbessern und das entsprechende Angebot zu stärken.

› Die Voraussetzungen zu schaffen, dass Senior*innen, auch wenn sie allein sind, sicher und bequem weiter in ihrer Wohnung leben können.

› Die weibliche Linie in der Genealogie und Erinnerungskultur aufzuwerten. Die große Zahl der historisch zum Schweigen gebrachten oder verstummten alten Frauen sichtbar zu machen und ihnen Anerkennung zu verschaffen.

› Das Thema Altern und Alter in allen Schulen auf die Lehrpläne zu setzen.

› Eine gesellschaftliche Debatte zum Thema betreuende Großmütter zu eröffnen.

› Gesundheitszentren zu schaffen, in denen ein gezielter Austausch zwischen medizinischem Personal und Senior*innen stattfindet, zur Weiterbildung für Ärzt*innen und das Pflegepersonal.

- Eine Ästhetik zu entwickeln, die Frauen nach den Wechseljahren zur selbstbewussten Aussöhnung mit den Erscheinungsbildern gealterter Körper einlädt.
- Institutionelle und private Aktivitäten zu fördern, bei denen sich alte Frauen vernetzen und bestärken können.
- Workshops zum Thema Selbstwertgefühl zu organisieren.
- Workshops zum Thema Sinnlichkeit anzubieten.
- Das lebenslange Lernen zu erleichtern.
- Für intelligente Freizeitangebote zu sorgen.

Alt sein in Corona-Zeiten

Was wir ab März 2020 im Zuge der Covid-19-Pandemie erleben mussten, ist für die ganze Welt sehr schmerzhaft gewesen. Eine zugleich verheerende und außerordentlich komplexe Lage, die uns in einen Zustand versetzt hat, wie wir ihn nur aus dystopischen Romanen oder Filmen kannten. Ohne Masken gingen wir nicht mehr aus dem Haus, und draußen blickten wir argwöhnisch auf alle, denen wir begegneten – erst recht, wenn sie niesten. Die Pandemie hat mannigfach gezeigt, aus welchem Holz wir Menschen geschnitzt sind. Erstaunlich viel Großherzigkeit und Edelmut kamen zum Vorschein, aber auch immer wieder Bosheit, Kleingeistigkeit und opportunistische Habgier. Deutlicher denn je trat in dieser Zeit das gewaltige Problem zutage, das unsere Gesellschaft beim Umgang mit Menschen im letzten Abschnitt ihres Lebens hat. Eine unerträgliche Schande, und wir haben sie einfach erduldet.

Vor allem in der ersten Welle waren unter den Covid-Toten überdurchschnittlich viele Bewohner*innen von Pflege- und Altenheimen – gleichermaßen in öffentlicher wie privater Trägerschaft. Da wir es gewohnt sind, überall hinzuschauen außer in die Altenheime, konnte uns das Ausmaß des Skandals nur fassungslos machen. Zuvor hatten wir nicht im Geringsten darauf geachtet, was für eine Vielfalt an individuellen Situationen und konkreten Umständen das Leben in diesen Einrichtungen ausmacht. Die Heime waren nie Gesprächsthema, obwohl ja niemand davor gefeit ist, eines Tages selbst in eins dieser Häuser einzuziehen. Vielleicht sprechen wir nicht darüber, weil wir denken, dann geht der Kelch an uns vorüber. Das tut er aber nicht.

Uns ist klar, es gibt verschiedene Arten der Heimbetreuung, je nach Lebenssituation der dort Wohnenden. In manchen Heimen ist die Pflege besser, in manchen schlechter, und es können dort alle möglichen Zustände herrschen. Immer wieder stellen wir fest, dass es wenig staatliche Kontrolle gibt in einem Gewerbe, das, so abwegig es scheint, mit der letzten Etappe des Menschenlebens Profit macht.

Nun ist uns also schmerzhaft vor Augen geführt worden, wie nötig in diesem Bereich Wachsamkeit und entschlossenes Eingreifen seitens der Behörden und auch der Öffentlichkeit sind. Denn die Heime sollen Orte zum Leben sein, an denen die Eigenständigkeit und Handlungsfähigkeit der Menschen so lange wie irgend möglich gewahrt bleiben, und keine gewinnorientierten Unternehmen.

Wir müssen uns selbst darum kümmern, wir müssen laut unsere Meinung sagen und darauf bestehen, dass nicht anstelle einer kompletten Revision der Pflege und sonstigen Arbeit in diesen Einrichtungen bloß das Geschäftsmodell perfektioniert, noch mehr Medikamente verabreicht und die Mechanismen der Unterdrückung verfeinert werden. Das Leid muss Konsequenzen haben. In den Heimen muss alles umgekrempelt und vor allem endlich konsequent das Leben und die Entscheidungsfreiheit der alten Menschen in den Mittelpunkt der Arbeit gestellt werden – auch dann noch, wenn sie nicht mehr in der Lage sind, eigene Verfügungen zu treffen.

Zu Beginn der Pandemie, im April 2020, habe ich in der Zeitung *El País* einen Artikel veröffentlicht, weil es mir nötig schien, vor Eingriffen in die Freiheitsrechte alter Menschen »zu unserem eigenen Wohl« zu warnen:

Eben nicht zu unserem eigenen Wohl

Was ist das für ein schlechter Witz: Ausgangssperre für über 70-Jährige? Wovon reden wir hier? Wir reden von uns Alten, die wir heute eine sehr große Bevölkerungsgruppe bilden. Die Ältesten von uns haben in Spanien noch die Zweite Republik erlebt, wir alle haben die Franco-Diktatur durchlitten und hart für die Demokratie gearbeitet. Viele von uns waren Pionierinnen, die für die Frauen in unserer Gesellschaft das Recht auf Selbstbestimmung über unsere Sexualität, unseren Körper, unser Leben und unsere Beziehungen mühsam erstritten haben. Wir Alten von heute haben dieses Land verwandelt, haben es aus der Rückständigkeit und Erstarrung herausgeholt und in die europäische und internationale Gemeinschaft geführt. Wir sind gestandene Frauen und Männer – und nun sollen wir »zu unserem eigenen Wohl« unterdrückt werden?

Wir Alten sind eine Risikogruppe mit weit höherer Gefahr schwerer Verläufe bei einer Infektion mit dem Virus, das wissen wir. Deshalb ist es ja auch richtig, den nationalen Notstand auszurufen und Ausgangssperren zu verhängen – aber für alle. Es ist richtig, dass fürs Erste festgelegt wird, wer zu welcher Zeit und zu welchem Zweck das Haus verlassen darf – aber für dich, für mich, für uns, egal, wie alt wir sind. Wir Alten akzeptieren nicht, dass wir und nur wir »zu unserem eigenen Wohl« zwangsbehandelt werden. Gerne lassen wir uns guten Rat geben und vor den Folgen mangelnder Vorsicht warnen, aber auf keinen Fall lassen wir derart unsere Freiheit beschneiden. Ausgerechnet wir, die wir erbittert gekämpft haben – ich kann bei dem Thema die kriegerische Sprache nicht vermeiden – für all die Freiheiten, die heute denen selbstverständlich erscheinen, die sie uns (natürlich im Namen der Liebe) nun wieder nehmen wollen.

Schutz, Betreuung und Information wollen wir als Angebote, auf die wir bei Bedarf zugreifen können, und nicht als Zwang seitens einer höheren Instanz, die von uns Gehorsam fordert, anstatt politisch dafür zu sorgen, dass uns Alten die Freiheit, Gerechtigkeit und gute, großzügige Pflege zuteilwird, die für ein Leben in Würde Voraussetzung wäre.

Nicht alle von uns teilen meine Haltung. Mich hat überrascht, dass einige Frauen, die noch etwas älter sind als ich, froh und stolz zu sein scheinen, dass ihre Kinder sich Sorgen um sie machen und sie an bestimmten Dingen hindern: »Meine Tochter hat es mir verboten. Mein Sohn will nicht, dass ich aus dem Haus gehe.« Stopp! Es ist ja schön und gut, dass der Nachwuchs seine Meinung sagt, aber die Entscheidung liegt allein bei uns.

Offenbar nehmen wir die Verbote als einen Ausdruck der Liebe unserer Kinder wahr – und attestieren uns selbst eine gewisse Senilität, weshalb »zu unserem eigenen Wohl« andere über unser Leben bestimmen müssen. Als wäre Gehorsam ein brauchbares Argument, um unser Verhalten zu rechtfertigen. Wir freuen uns, dass sich endlich mal jemand um uns sorgt, selbst wenn dieser Mensch uns die Entscheidungs- und Handlungsfreiheit raubt. Als könnten wir mit unserer Folgsamkeit Punkte für die Wahl zur Seele des Hauses sammeln. Ogottogott.

Wann haben wir eigentlich beschlossen, im Alter unsere Stimme wieder zu verlieren? Die Stimme, die wir uns doch nach den Wechseljahren so erfolgreich, aber auch mit großer Kraftanstrengung zurückgeholt hatten – als wir uns vom Diktat der Klischees von Frau und Mutter befreiten?

Neben den Angriffen auf unseren freien Willen von außen sollten wir auch auf die Einschnitte in unsere Freiheit schauen, die wir selbst uns zufügen, indem wir (»Meine Tochter erlaubt das nicht«) unsere Kinder für uns entscheiden lassen, als hätten wir kein eigenes Urteilsvermögen. Und das am Ende unseres langen Lebens als Pionierinnen! Da beschweren wir uns, dass die Gesellschaft uns Alte wie Kleinkinder behandelt – aber wenn wir dann selbst derartige Zugeständnisse machen, haben wir es kaum besser verdient. So sehr sind wir im Einklang mit der Vorstellung, die sich andere von unserer Existenz machen, dass wir ganz vergessen, sie nach unseren eigenen Wünschen und Prinzipien zu gestalten …

Vor allem in den Pflegeheimen nimmt der Missstand der Infantilisierung, Vereinheitlichung, Entindividualisierung alter Menschen teilweise so katastrophale Ausmaße an, dass allein deshalb schon eine grundsätzliche Neuausrichtung der Arbeit in diesen Einrichtungen erforderlich ist. Auch dazu habe ich im Frühjahr 2020 einen Text in *El País* veröffentlicht.

Das Alter des Gehorsams

Das Coronavirus hat wie ein Blitz in finsterer Nacht Licht auf das Leben der alten Menschen in unserem Land geworfen – vor allem auf das Leben derer, die in den sogenannten Senior*innenresidenzen leben, sprich: den Altenheimen. Die Nachrichten von dort sind entsetzlich, wir stehen fassungslos vor einer unerträglichen Realität, sehen uns mit genau dem konfrontiert, was uns am meisten Angst macht: Einsamkeit im Alter, im Stich gelassen werden, der Tod. Unheil, das immer anderen geschah, aber uns doch nicht.

Ich staune über die hohe Zahl alter Menschen, die tatsächlich in Heimen leben, und ich frage mich: War es ihre freiwillige Entscheidung, dorthin zu ziehen – weil sie darin die bestmögliche Lösung zur Bewältigung ihres Alltags sahen? Oder sind sie dort gelandet, weil ihrem gestressten und gedächtnisschwachen Nachwuchs in einem Anfall von Liebe keine geeignetere Lösung einfiel? Und noch die Preisfrage: Wenn du einmal drin bist, kannst du auch wieder raus? Dass es theoretisch möglich ist, bestreite ich nicht. Aber praktisch? Zumal wenn die lieben Kinder in der Zwischenzeit deine Wohnung aufgelöst haben und du keinen Ort mehr hast, an den du zurückkehren kannst? Wenn dein Raum, dein Gedächtnis und deine Beziehungen zu anderen Menschen nicht mehr bestehen?

Unsere Gesellschaft glaubt, dass wir alten Menschen alle mehr oder weniger gleich seien und sie sich daher kaum um individuelle Bedürfnisse unsererseits kümmern müsse. Kaffee für alle ist die bequeme Lösung: Altenheime – manche von börsennotierten Konzernen betrieben –, die auf Abhängigkeit und Einförmigkeit setzen und in denen die Meinung vorherrscht, die alten Menschen von heute seien genauso wie vor dreißig Jahren. Seit jeher seien unsere einzigen Interessen, Domino zu spielen und Fußball im Fernsehen anzuschauen. Diese Kindergärten für Alte basieren auf einer endlosen Anhäufung von Vorurteilen. Dort schert sich niemand darum, was du an Kenntnissen, Fertigkeiten und Erfahrungen beizutragen hättest. Dort sollst du mit Aufkleberchen basteln und dergleichen Dinge tun, denen mein Sohn sich schon als Dreijähriger verweigerte.

Ich frage mich: Ist in den Satzungen und Hausordnungen dieser Einrichtungen überhaupt ausdrücklich die Rede davon, dass Freiheit, Würde, Eigenständigkeit, Sexualität und Gefühlsleben, Entscheidungs- und Handlungsfähigkeit, Geist, Hobbys und Vorlieben der einzelnen dort Wohnenden – kurz: ihre ganze Vielfalt – zu achten sind? Wird ihr Bedürfnis nach Nähe, nach Berührung berücksichtigt? Manche Pflegeheime nehmen obendrein den Charakter von Krankenstationen an; dort steht die klinische Pflege so sehr im Vordergrund, als sei das Alter selbst eine Krankheit und als bedeuteten all die Pillen besonders große Fürsorge, wofür wir dankbar sein sollten.

Sind wir einmal dort geparkt, bleibt uns nur noch eines: gehorchen. Gehorchen und auf den unberechenbaren Besuch des liebenden Nachwuchses warten, des Virus, des Todes.

Angesichts dieser Katastrophe müssen wir dringend überlegen, wie sich tatkräftig gegensteuern lässt und wir gemeinsam eine Zukunft gestalten können, die den Bedürfnissen der Menschen und auch des Planeten besser entspricht. Unsere Gesellschaft steckt im Strudel eines neoliberalen Raubtierkapitalismus fest, dessen Werte der Profit, die Jugend, das Neue, das Flüchtige, das Wegwerfen, das einprogrammierte Verfallsdatum, der Konsum, die Verschwendung, die Anhäufung von Reichtum und die Ausbeutung des Planeten sind. Doch die Pandemie erzwang eine Vollbremsung.

In unbeirrter Opposition zur neoliberalen Ideologie haben Strömungen wie die Anti-Wachstums-Bewegung, der Ökofeminismus, die kritische Gerontologie und viele andere seit Jahren auf jede erdenkliche Weise den nötigen strukturellen Umbau einer Gesellschaftsordnung eingefordert, die das Leben in all seinen Erscheinungsformen bedroht, weil sie die Grundbedürfnisse des Lebens missachtet. Bis vor Kurzem waren diese Warnungen nur Rufe in der Wüste.

Zur Zeit der strengen Lockdowns, als wir Menschen weitgehend zu Hause blieben, Fabriken pausierten, Städte verstummten, Autos, Flugzeuge, Schiffe und Züge stillstanden, ging die Umweltverschmutzung zurück, Luft- und Wasserqualität wurden besser, Pflanzen und Tiere wagten sich vor. Alles Lebendige atmete auf, und damit auch wir Menschen. Und doch ist zu befürchten, dass es nichts weiter war als eben eine kurze Atempause. Dabei dürfte nach diesem Einschnitt nichts mehr so sein wie früher; denn viele unserer Gewohnheiten im Dienst der unersättlichen Gier können ja gar keine Zukunft haben.

Noch wollen wir die Hoffnung nicht aufgeben.

Mit etwas Glück kann es geschehen, dass wir künftig nicht mehr ganz so beengt leben. In den Flugzeugen, in denen wir zuletzt schon wie die Ölsardinen zusammengequetscht wurden, wird mehr Abstand zwischen den Sitzen bestehen müssen. Cafés und Restaurants werden die Tische so verteilen, dass wir nicht mehr gezwungen sind, uns das Gespräch der Nachbar*innen anzuhören. Und Ähnliches dürfte noch in vielen anderen Situationen passieren, in denen bisher das Gewinnstreben höher stand als unser Wohlbefinden und unsere Gesundheit. Nachdem jahrzehntelang angemahnt wurde, wir bräuchten kleinere Schulklassen, scheinen jetzt endlich Schritte gegen die Überfüllung der Unterrichtsräume unternommen zu werden, hoffentlich bleibend. Vielleicht wird auch die Großeltern-Sklaverei zurückgehen, nun, da wir gemerkt haben, dass wir eben doch nicht unentbehrlich sind – oder auch, weil unsere Kinder begriffen haben, dass es noch andere Arten gibt, uns wertzuschätzen, als uns für unentgeltliche Dienste einzuspannen.

Bei alldem wird das Wichtigste sein, dass wir das Alter als eine sinnerfüllte Zeit des menschlichen Daseins würdigen, im Rahmen eines globalen Umdenkens, welches das Leben in den Mittelpunkt stellt und nicht mehr Profit und Kapital. Wir brauchen einen Wandel der gesellschaftlichen und individuellen Einstellungen zu alten Menschen, weg von dem unfreundlichen Blick auf uns, der heute so verbreitet ist. Diese neue Haltung muss die Revision der Altenheime bestimmen – weniger Pillen, mehr Eigenständigkeit – und ebenso die sozialpolitischen Schritte, die es alten Menschen erleichtern, zu Hause wohnen zu bleiben, wenn sie das wünschen.

Weiterhin scheinen mir die so genannten *Sondermaßnahmen*, die im Zeichen des Coronavirus als Ausdruck von Respekt, Schutzverantwortung und Wertschätzung gegenüber alten Menschen angepriesen wurden, eine sehr aufmerksame Betrachtung zu erfordern – vor allem seitens derer, die solche Maßnahmen ersinnen. Zum Beispiel haben in Spanien manche Geschäfte, vor allem Kaufhäuser und Supermärkte, eine Vorzugsbehandlung für alte Menschen in den ersten Stunden nach der morgendlichen Öffnung eingeführt. Ich frage mich: Sollte die Vorzugsbehandlung für Alte nicht den ganzen Tag gelten? Warum sollen ausgerechnet wir es sein, die morgens vor allen anderen aufstehen müssen, um gut einkaufen zu können? So sieht doch keine echte Rücksichtnahme aus. Immerhin finden wir in manchen Gewerben inzwischen auch Schilder: *Ältere Personen werden vorrangig bedient*. Schon viel besser.

Das Leben alter Menschen ernst zu nehmen, bedeutet, uns den Alltag leichter handhabbar zu machen, freundlicher und bequemer. Es bedeutet, das Alter bei der Planung und Gestaltung all der Situationen und öffentlichen Räume mit zu berücksichtigen, in denen uns bisher nichts anderes übrig bleibt, als mit Bedingungen für 30-Jährige klarzukommen. Die Grundidee *Das Leben leichter machen* kann in unzähligen Alltagsmomenten Gestalt annehmen, gerade auch in Details wie, dass wir in bestimmten Momenten vorrangig an die Reihe kommen, weil uns das Schlangestehen schwerer fällt als den Jüngeren. Vielleicht überlässt man uns einen Sitzplatz, ist uns behilflich, wenn wir einen Koffer oder eine schwere Einkaufstasche dabeihaben, vielleicht lässt man uns höflicherweise nicht warten – und wir nehmen diese Aufmerksamkeiten freudig an, stolz auf unser Alter. Stellen wir uns eine Welt vor, in der alte Menschen ganz selbstverständlich beim Einstieg in Flugzeuge oder Züge zuerst dran sind, so wie heute bereits Familien mit Kleinkindern oder Menschen im Rollstuhl. Oder dass wir nicht mehr vom Gehsteig treten müssen, weil uns ein entgegenkommender jüngerer Mensch übersieht (ins Smartphone vertieft oder in Gedanken sonst wo). Stellen wir uns vor, dass wir um solche Rücksicht nicht bitten müssen, dass sie uns ganz selbstverständlich entgegengebracht wird – eben weil wir alt sind und es verdienen, dass man auf uns achtet.

Solche Erleichterungen für das Alltagsleben alter Menschen sollten von jetzt an und für immer gelten, sie sollten Teil des normalen Funktionierens unserer Gesellschaft sein, ohne dass wir sie einfordern müssten. Sie sollten höher stehen als die Gebote des Kapitalismus, das Junge, das Schnelle, das Kurzlebige. Ein überfälliger struktureller Prioritätenwechsel, den wir ganz frech genießen könnten. Eine Gesellschaft, die schutzbedürftige Menschen in jedem Alter in den Mittelpunkt stellt, bildet eine integrative Gemeinschaft: Der Wert des Lebens ist ihr wichtiger als Profit und Eile. Eine solche Gesellschaft weiß anzuerkennen, was ihr die vorigen Generationen hinterlassen haben, und zieht zugleich ihre künftigen Generationen im Geist des Mitgefühls groß. Diese Gesellschaft wird auf ganz natürliche Weise ziviler, ohne Getöse – aus Gerechtigkeitssinn und aus der Praxis des gelebten Miteinanders von Alt und Jung.

Wir wollen eine Umgebung, die uns den Alltag leichter macht, weil wir alt sind, und die uns für das schätzt, was wir waren, was wir jetzt sind und was wir auch in Zukunft noch beitragen können. Eine Gemeinschaft, der alte Menschen wirklich am Herzen liegen – ihr Wohlergehen, ihre Teilhabe –, wird freudig überrascht feststellen, wie interessant die Welt der großartigen alten Frauen ist.

Leseleidenschaften

In den letzten 35 Jahren habe ich Unmengen Essays, Romane, wissenschaftliche und populärwissenschaftliche Artikel gelesen, die sich mit dem Prozess des Alterns und dem Alter beschäftigen, speziell mit dem Leben von Frauen in diesem langen Lebensabschnitt. Es ist mein Lieblingsthema, und so habe ich eine Liste meiner Lieblingsautorinnen zusammengestellt, wobei nicht ihre Prominenz den Ausschlag gab, sondern ihre Fähigkeit, mein Denken anzuspornen, zu befruchten, zu stimulieren. Manche von ihnen haben einen Großteil ihres Lebens über das weibliche Altern nachgedacht und geschrieben und ihre Ideen, Zweifel und Vorschläge immer wieder weiterentwickelt, gerade auch anhand ihrer eigenen Erfahrungen. Ich werde also jene aufzählen, von denen ich mich in all diesen Jahren besonders inspiriert, weitergebracht, aber auch infrage gestellt fühlte. Bestimmt werde ich ein paar wichtige Namen vergessen, aber das passiert eben. Und zweifellos gibt es viele andere, die ich schlicht noch nicht kenne oder die in keine mir zugängliche Sprache übersetzt sind. Wie gesagt: Dies ist ein persönliches Buch, das meine fixen Ideen und meine Beschränkungen vereint.

Meine Lieblingsdenkerinnen

Die Werke einiger der Theoretikerinnen, die ich hier anführe, liegen nicht in Übersetzung vor. Da dürfen wir uns, zumal es um

Feminismus und alte Frauen geht, und angesichts einer Verlagsbranche, die auf Bestseller und Kurzlebiges setzt, nicht viele Illusionen machen. Im Original finden sich die Texte in Bibliotheken, Online-Zeitschriften und in den Lesesälen der Universitäten.

Für den theoretischen Ansatz, dem ich mich selbst zurechne, seien die wichtigen feministischen Beiträge zum Korpus der kritischen Gerontologie hervorgehoben, die Autorinnen wie Toni Calasanti, Ruth Ray, Margaret Cruikshank und Sandra Lee Bartky geleistet haben. Ihrer hartnäckigen Aufklärungsarbeit haben wir es zu verdanken, dass die Altersforschung heute nicht mehr trübselig und männerzentriert daherkommt. In diesem Sinn erkläre ich meine tiefe Verbundenheit mit Martha Holsteins Vorschlägen und Argumenten für ein bequemes und positiv gestimmtes Leben im Alter: Ihre Ideen sind immer einen Schritt voraus.

Ich bewundere den ruhigen Scharfsinn der großartigen Rita Levi; die Beiträge von Gloria Steinem aus verschiedenen Phasen ihres Lebens; Susan Sontags Kritik der Doppelmoral im gesellschaftlichen Blick auf das Alter; die Arbeit des Ehepaars Mary und Ken Gergen zum sozialen Konstruktivismus; Betty Friedan, die mit *Mythos Alter* eins der Standardwerke zum weiblichen Alter vorlegte; die Erleuchtungen, die Jean Shinoda Bolens Bücher auslösen können, wenn du ein wenig mystisch gestimmt bist; Carolyn Heilbruns These, das Leben jenseits der 60 sei das größte Geschenk der Zeit – auch wenn sie selbst mit 77 Suizid beging und uns alle fassungslos zurückließ.

Margaret M. Gullettes Bücher über die kulturellen Aspekte des Alterns stecken einen erkenntnistheoretischen Rahmen ab, um zu verstehen, dass Alter vor allem eine soziale Zuschreibung ist, nicht bloß eine Frage der Lebensjahre. Die kleinen und anregenden Bücher der Französin Maximilienne Levet bringen uns mit ihren Reflexionen über Werte und Tugenden des Alters zum Nachdenken. Und ganz zuoberst möchte ich auf die enorme Bedeutung verweisen, die für meine Haltung die Texte von Margaret Urban Walker haben: Sie zerlegen die vielfältigen ethischen Dilemmata, die der Umgang mit dem Alter in unserer Zeit aufwirft, aus moralphilosophischer Perspektive. Eine Pflichtlektüre.

Viele Wissenschaftlerinnen haben sich mit dem Martyrium des dem Lauf der Jahre unterworfenen weiblichen Körpers beschäftigt. Frida Kerner Furman tut es anhand des Themas Körper und Schönheit im Alter und ruft zum Widerstand gegen gängige Klischees und Praktiken auf. Laura Hurd Clarke hat viel und reichhaltig zum Hadern von Frauen mit ihrem alternden Körper geschrieben. Um diese Beiträge zur Debatte in größere gesellschaftliche Zusammenhänge zu stellen, empfehle ich die Arbeiten der Anthropologin M. Luz Esteban.

Wir alten Frauen zählen überall auf der Welt zu den Ärmsten. Sowohl Clara Coria, die unsere persönliche Beziehung zum Geld analysiert, als auch die Studien von María Ángeles Durán und Cristina Carrasco zur Care-Arbeit und zu Tätigkeiten, die dem Erhalt des Lebens auf dem Planeten dienen, geben Hinweise auf das Ausmaß dieser Katastrophe.

Eine unverzichtbare Grundlage bleibt die Forschung von Shere Hite, die mit ihren legendären *Hite Reports* in den 1970er- bis 1990er-Jahren ein ganz neues Licht auf das Leben und die Sexualität von Frauen warf. Von besonderem ethischen und politischen Wert ist die Arbeit Monika Kehoes, die lesbische alte Frauen von ihrem Leben berichten lässt. Barbara Macdonald hat auf die Diskriminierung aufmerksam gemacht, der alte Frauen sogar innerhalb des lesbischen Kollektivs ausgesetzt sind.

Zur komplexen Beziehung zwischen den Lebensbedingungen von Frauen und ihrer körperlichen und seelischen Gesundheit liegen inzwischen viele wichtige Beiträge vor. Die große Pionierinnentat in diesem Bereich war die Publikation *Our Bodies, Ourselves*, die 1970/1971 von der feministischen Gruppe *Boston Women's Collective* herausgegeben wurde. Über 20 Jahre später veröffentlichte die gleiche Gruppe *The New Ourselves, Growing Older: Women Aging with Knowledge and Power*, eine Sammlung von Reflexionen, Anregungen und Vorschlägen zum Thema des weiblichen Alterns – ein Juwel!

In Spanien leistet CAPS, das Netzwerk für Frauen und Gesundheit, seit Jahren eine unschätzbar wertvolle Arbeit. Unter der Leitung von Carme Valls vereint es eine kolossale Vielfalt an ganz unterschiedlichen und sehr weisen Heilerinnen. Sprachrohr der Organisation ist die Zeitschrift *Mujeres y Salud*, herausgegeben von Leonor Taboada.

Mein Leitstern beim Thema Gesundheit der Alternden sind die ganz unterschiedlichen und immer wieder fesselnden Schriften von Christiane Northrup. Unter den Büchern der klugen, respektlosen und witzigen Germaine Greer, die uns auf so viele faule Tricks hinweist, mit denen wir zahm und mild gehalten werden sollen, sei hier *The Change: Women, Aging and the Menopause* dringlichst empfohlen. Die bahnbrechenden Reflexionen von Phyllis Chesler und Carmen Sáez Buenaventura über Gender und psychische Gesundheit prangern, ebenso wie die Beiträge von Mabel Burín, die gängige Praxis an, jedes weibliche Unbehagen mit Pillen zu betäuben.

Manche Lektüren haben mir auch sehr dabei geholfen, mich mit Fragen von Krankheit, Tod und Sterbebegleitung auseinanderzusetzen – ein Bereich, den wir stets zu meiden versuchen, der aber unweigerlich und ohne Vorwarnung immer wieder über uns kommt. Zwei für mich sehr lehrreiche Bücher darüber, wie wir Menschen im Umgang mit ihrem nahenden Tod unterstützen können, haben Iona Heath und Kathryn Mannix geschrieben. Auch die Pionierinnenarbeit von Elisabeth Kübler-Ross zum Sterben ist von ungebrochener Relevanz und bietet obendrein eine hochinteressante transzendente Perspektive.

In den Fachzeitschriften zum Thema Alter, von denen es mittlerweile einige gibt, finden sich immer wieder Artikel speziell über das Leben und die körperlichen Prozesse alter Frauen. Von einschneidender Bedeutung für mein Denken war und ist vor allem das *Journal of Women & Aging*, 1989 gegründet und nach wie vor ein Muss für alle, die sich zum Thema weibliches Altern fundiert informieren und auf dem neuesten Forschungsstand halten möchten.

Auch Männer werden alt und versuchen, damit klarzukommen

Bislang haben Männer, soweit ich weiß, die Prozesse des Alterns kaum in Hinblick auf Gender hinterfragt. Ihre Arbeiten zum Thema stimmen weiterhin die Musik des universellen Maskulinums an, als würden Frauen auf dieselbe Weise altern wie Männer. Damit schränken sie ihre Fähigkeit zur Analyse und zum Verständnis ihrer eigenen Realität ein. Und so haben wir es mit Wesen zu tun, die alt werden, ohne sich ontologisch mit ihrem Gepäck für die letzten Lebensabschnitte befasst zu haben, und die deshalb ratlos vor der Frage stehen, wie sie in dieser Gesellschaft ein alter Mann sein können. Diese Ratlosigkeit prägt ihren Umgang mit Gebrechlichkeit, Krankheit, Hilfsbedürftigkeit, ihre Überlebensstrategien und ihre Versuche, Herren ihres Alltags zu bleiben. Ihnen fehlt die gedankliche Orientierung im Alter, während die kraftvollen alten Frauen schon seit Jahren dabei sind, die sozialen Spielregeln zu ändern.

Einige Denker allerdings bemühen sich redlich, einen theoretischen Korpus aufzubauen, der auch männerspezifische Antworten zum Leben im Alter gibt. Unter ihnen möchte ich die Arbeit meines unermüdlichen Freundes – und Partners in einem meiner früheren Leben – Ramon Bayés hervorheben. Er ist ein humanistischer Behaviorist, der sich in einen optimistischen Gerontologen verwandelt hat; ein Bücherwurm, Filmliebhaber und Chronist des Alters. In den letzten Jahren hat er mehrere Bücher über diese Reise veröffentlicht, über das Leben als Rentner und über das In-der-Welt-Sein als alter Mann. Bücher, die Mut machen und zugleich realistisch sind, fest in der eigenen Erfahrung verankert. Ein Genuss.

Kürzlich habe ich *Faltenstolz: Über die Schönheit und Kraft des Älterwerdens* von Carl Honoré gelesen. Es dokumentiert die tastende Suche des Autors nach Erklärungen und innovativen Antworten auf die Fragen, die er sich angesichts seines eigenen nahenden Alters stellt. Glänzend recherchiert, kurzweilig, interessant.

Paco Rocas Graphic Novel *Kopf in den Wolken* illustriert auf respektvolle Weise die fortschreitende Entleerung des Gedächtnisses durch Alzheimer. Ein Beispiel für Solidarität unter alten Männern, humorvoll und zärtlich. Es gibt auch eine Verfilmung aus dem Jahr 2011.

Christian Bobins *La présence pure* ist eine poetische Novelle zum gleichen Thema – der Autor begleitet seinen Vater, der im Pflegeheim lebt, auf seiner Reise über die Pfade dieser Krankheit. Eine ergreifende Reflexion über Würde und Identität im zerbrechlichen Leben.

Ein kleines Juwel ist das Büchlein *Flying Skirts. An elegy*, das John Berger gemeinsam mit seinem Sohn Yves geschrieben hat: mit Texten von beiden und Zeichnungen von Yves, als Hommage an Johns verstorbene Frau – und Yves' Mutter – Beverly Bancroft.

Noch eine Empfehlung aus einer ganz anderen Leseecke: Kent Harufs Roman *Unsere Seelen bei Nacht*. Eine Hymne an die Freiheit, die sich eine alte Frau verschaffen kann, an die Innigkeit zweier Menschen jenseits der Klischees von der romantischen Liebe – und an die Achtsamkeit im Umgang miteinander. Zugleich eine profunde Reflexion über die Komplexität von Mutter-Kind-Beziehungen und das potenziell missbräuchliche Verhalten des Nachwuchses. 2017 mit Jane Fonda und Robert Redford verfilmt.

Meine Lieblingsschriftstellerinnen

Zur weiblichen Belletristik lege ich keine Bücher- oder Autorinnenliste vor, denn das würde in diesem Fall nur verwirren, langweilen und wenig erklären. Stattdessen will ich im Plauderton ein paar Lektüreempfehlungen ausstreuen, die mir hier passend erscheinen, so wie sie mir gerade in den Sinn kommen.

Was die kraftvollen Alten betrifft, so ist Olive Kitteridge unschlagbar – eine launische und schroffe, doch zugleich mitfühlende und zärtliche Frau, die sich nichts gefallen lässt. Sie ist die Heldin der Romane *Mit Blick aufs Meer* (2014 als Miniserie *Olive Kitteridge* verfilmt) und *Die langen Abende* von Elizabeth Strout. Auch die anderen Bücher von Strout lohnen sich sehr.

Weitere Romane mit großartigen Protagonistinnen sind zum Beispiel *Erloschenes Feuer* von Vita Sackville-West – über eine reizende alte Frau, die den Erwartungen ihres prüden Nachwuchses nicht gerecht wird – oder *Memento mori* von Muriel Spark, der in einer amüsanten Story Glanz und Elend des Alters auf den Punkt bringt.

Die alten Frauen in Ingrid Nolls Romanen sind stets kühn und unberechenbar, allerdings für meinen Geschmack etwas zu sehr darauf fixiert, was Männer von ihnen halten. Doch ihre Art des Zusammenhalts und Lust an der Grenzüberschreitung machen aus der Lektüre eine belebende Brise: Probiert es mit *Kalt ist der Abendhauch*. Rückhaltlos bewundernswert ist die Resilienz der Heldinnen in Velma Wallis' *Zwei alte Frauen* – beispielhaft auch die Freiheit, mit der sie gegen familiäre Zwänge aufbegehren.

Einige Autorinnen brechen eine Lanze für Großmütter, die sich über gesellschaftliche Konventionen hinwegsetzen: etwa Whitney Otto in *Quilt* (1995 als *Der amerikanische Quilt* verfilmt) oder Doris Lessing in ihrer Geschichte *Ein Kind der Liebe*, die mit viel Tiefgang die Erlebnisse zweier eigentlich wenig großmütterlicher Frauen schildert. Ebenfalls verfilmt als *Tage am Strand*.

Der Tod oder der erzwungene lange Abschied im Fall einer schweren Krankheit bedeutet einen innerlichen Schiffbruch, den wir ohne rettende, befreiende, heilende Worte kaum überstehen können. Sei es in der ersten Person, wie in der poetischen Prosa von Delfina Lusiardi, die in *Lejos de los caminos trillados* über ihre Krebserkrankung schreibt. Oder aus der Perspektive des Begleitens, wenn ein uns nahestehender Mensch an Alzheimer oder anderen Formen der Demenz leidet. Die folgenden Lektüren haben mir geholfen, die Kraft der Nähe und der Großzügigkeit zu begreifen, wenn ein geliebter Mensch auf unbekannten Meeren segelt; dabei muss es sich nicht um Blutsbande handeln, wie etwa im Fall der wunderbaren Schwiegertochter in Andrea Gillies' *Keeper*. Annie Ernaux erzählt in *Je ne suis pas sortie de ma nuit* vom Verschwinden und Wiederfinden ihrer an Alzheimer erkrankten Mutter, die im Pflegeheim lebt. Sylvia Molloy berichtet in *Desarticulaciones*, wie die Krankheit den Geist ihrer geliebten Freundin zerrüttet und wie viel Leid damit einhergeht. Alix Kates Shulman erörtert in *Zu lieben was ist*, wie eine Liebesbeziehung neu gestaltet werden muss, wenn Krankheit in das über viele Jahre etablierte Miteinander einbricht.

Joan Didion setzt sich in *Das Jahr des magischen Denkens* mit dem emotionalen Umbruch auseinander, den der plötzliche Tod ihres Mannes für sie bedeutete, und mit der Notwendigkeit zu begreifen, dass das Leben von einem Moment zum nächsten ein radikal anderes geworden ist. Auch Joyce Carol Oates legt in *Meine Zeit der Trauer* Zeugnis vom Verlust ihres lebenslangen Partners ab.

Ein besonderes Kleinod ist Tillie Olsens Erzählung *Tell Me a Riddle*, in der sich der Geist ihrer Protagonistin ganz allmählich zurückzieht und dabei die Worte seiner »heiligsten Träume« und all der Frauen, die sie einmal war, wiederfindet.

Einige Romane befassen sich eher humorvoll mit dem Thema des Zusammenlebens im Alter. In *Ladylike* treffen wir zwei von

Ingrid Nolls kraftvollen alten Frauen an, die sich zusammenraufen, und in *Las tres Marías* von Arantxa Urretabizkaia drei Frauen, die sich den Wunsch erfüllen, gemeinsam alt zu werden, indem sie neue Wahlfamilien gründen. Zum Thema Altersheime und Lebensentscheidungen im Alter hat mich Margaret Drabbles *The Dark Flood Rises* überzeugt, ein Roman zwischen Sarkasmus und Tragik, dessen Protagonistin, eine exzentrische Frau in den Siebzigern, sich irgendwie durchs Leben schlägt und versucht, den Menschen in ihrer Umgebung zu helfen, die ihren Alltag nicht mehr im Griff haben.

Die Bindungen sind unsere Spezialität und auch starker Lesestoff. In *Ich und meine Mutter* führt Vivian Gornick mit ihrer Mutter Gespräche über das Göttliche und im Grunde über alles Menschliche, während sie durch die Straßen von Manhattan spazieren. Ihr Roman *Eine Frau in New York* bietet eine Reflexion über den Lauf des Lebens, wenn wir unsere letzten Stationen erreichen. Ebenfalls in Gestalt eines *Memoirs* blickt Diana Athill in *Irgendwo ein Ende: vom guten Leben im Alter* auf ihr Leben zurück und überprüft die Entscheidungen, die sie getroffen hat. Zwei ähnliche und doch wieder sehr unterschiedliche Bücher. Delphine de Vigans *Dankbarkeiten* regt uns zum Dank an jene an, die uns im Leben Halt und Zuflucht gegeben haben, und setzt den Wert der Dankbarkeit höher an als den der Blutsverwandtschaft. Ein hochinteressantes Thema.

Das Labyrinth der Wörter von Marie-Sabine Roger ist ein sanfter kleiner Roman über eine alte Büchernärrin, deren Ansprache und geduldiges Zuhören in einem gutmütigen, ungebildeten Mann die Lust am Lernen und die Liebe zu Worten und Büchern weckt (2010 verfilmt). Auch Jocelyne Sauciers *Ein Leben mehr* handelt davon, wie ungehobelte alte Männer von einer zarten alten Frau gezähmt werden – verfilmt 2019.

Grace Paley war eine engagierte Feministin und Pazifistin; eine der starken Pionierinnen, die sich aus ihrem Hausfrauendasein herauskämpften. Und sie hat nicht nur sehr lesenswerte Kurzprosa verfasst, sondern auch das Buch *Just as I thought* – eine bewegende Sammlung von Artikeln und Interviews, in denen sie kraftvoll und klar ihren Weg in die Freiheit und zum Aktivismus für Frieden und Bürger*innenrechte nachzeichnet und dabei Gewissensentscheidungen und Bauchgefühl nebeneinanderstellt. Eine großartige alte Frau! Eine weitere dieser Pionierinnen, die sich nie verbiegen ließen, war Teresa Pàmies: In *Rebelión de viejas* lässt sie keinen Zweifel daran, dass das revolutionäre Bewusstsein nicht erlöschen wird.

Einige Biografien erzählen vom Leben unerschrockener Frauen aus noch früheren Zeiten – etwa Ruth Middletons Buch über die Schriftstellerin und Anthropologin Alexandra David-Néel, Jahrgang 1868, die mit Anfang 20 nach Indien reiste und im Alter von hundert Jahren zu ihrer letzten Reise in den Himalaya aufbrach. Sie sagte einmal: »Das Abenteuer wird meine Daseinsberechtigung sein«, und daran hat sie sich gehalten. Bestaunen und bewundern könnt ihr diese großartige Frau auch in einigen Dokumentarfilmen, die im Internet zu finden sind.

Lektüren, die mich enttäuscht haben

Als ich vor mehr als vierzig Jahren Simone de Beauvoirs *Das Alter* las, fand ich es ein zutiefst entmutigendes Buch. Mit dem, was Altsein heute heißt, hat es obendrein wenig zu tun. Vielleicht bot das Leben 1970, als das Buch erschien, für sehr alte Menschen tatsächlich wenig Perspektiven, doch mir kam es allzu deprimierend vor. Zugleich war mir unwohl damit, solchen Widerwillen gegen ein Werk einer großen Denkerin zu empfinden. Zu meiner Erleichterung stellte ich dann fest, dass Martha Nussbaum die Sache ähnlich sieht wie ich. In *Älter werden. Gespräche über die Liebe, das Leben und das Loslassen* schreibt sie über de Beauvoirs Buch: »Dies ist eines der groteskesten berühmten philosophischen Werke, die ich jemals gelesen habe. (…) Es tritt die Vielfalt mit Füßen, es wertet kontingente und abfällige Klischees auf, und es beraubt alternde Menschen ihrer Handlungsfähigkeit.« Hingegen gelingt es meinem Freund Ramon Bayés in *Olvida tu edad*, aus dem Buch einige interessante Anregungen für seine Forderung zu beziehen, sich im Alter die Kreativität und Neugier nicht ausreden zu lassen.

In meinen Notizen aus dem Jahr 2014 finde ich zu Gioconda Bellis *Mondhitze* die Bemerkung, es sei ein Roman voller Klischees, der rückständigste Vorstellungen von Beziehungen und Begehren und vom Körper nach der Menopause bedient und Panik vor dem Altwerden schüre. Ein Loblied auf die zwanghafte Heterosexualität und auf den Jugendwahn. Sehr überraschend bei einer so intelligenten Frau, die bei der Veröffentlichung des Buches 66 Jahre alt war, also genug Zeit gehabt hatte, um über die Wechseljahre und ihre möglichen Hitzewallungen hinwegzukommen; und die außerdem Jahre zuvor mit einem mutigen Gedicht über die Menopause Aufsehen erregt hatte.

Leider bleibt mir auch nichts anderes übrig, als Terry McMillans jüngsten Roman *It's Not All Downhill from Here* hier zu erwähnen. Nachdem ich bereits beschlossen hatte, nichts mehr von ihr zu lesen, wollte ich diesem Buch eine Chance geben, als ich sah, dass alle Protagonistinnen alte Frauen sind. Aber schade um das Geld und die Zeit. McMillan bleibt bei ihrem üblichen Muster: reiche Schwarze Frauen, deren Probleme weit entfernt sind von dem, was die kraftvollen Alten im wirklichen Leben beschäftigt. Liest sich gut, das ja, ist aber nicht interessant. Wobei, eines gefällt mir doch an dem Buch: dass die Protagonistinnen in jeder Situation darauf bedacht sind, andere Schwarze Frauen zu bevorzugen, zu unterstützen, ihnen Jobs zu verschaffen. Immerhin.

Ich möchte hier auch einige Autorinnen nennen, die zwar mehr oder weniger realistische Schilderungen vom Alter vorlegen, doch verpackt in trübselige Geschichten über vom Schicksal geschlagene Menschen, die dir fast die Lust am Weiterleben nehmen. Etwa die Novelle *Bunner Sisters* der ansonsten göttlichen Edith Wharton; *Je schneller ich gehe, desto kleiner bin ich* von Kjersti Annesdatter Skomsvold; *Fast eine Ewigkeit* von Antonella Moscati. Schlimm auch der Jammerton, der sich durch den gesamten Roman *Salz des Lebens* von Benoîte Groult zieht. Aber ja, das sind nur meine persönlichen Abneigungen.

Zum Schluss

In diesem Buch wollte ich mehr oder weniger locker davon erzählen, wer wir sind, was wir tun und was so alles mit uns geschieht, wenn wir alt sind. Alle Ideen, Vorschläge und Frechheiten, die ich hier anbringe, dienen einzig dem Zweck, neue Möglichkeiten, Selbstverständnisse und Sinnangebote für das Alter zu schaffen. Denn wir haben gar keine andere Wahl, als uns der gängigen gesellschaftlichen Definition dessen, was alt sein bedeutet, zu widersetzen. Bisher ist ja schon die Suche nach Worten für das Altern eine traumatische Erfahrung: Alle sind abwertend, eins schlimmer als das andere. Keins erfasst das Alter als ein normales Stadium im Lebenszyklus.

Anfang der 1990er fragte sich Ursula K. Le Guin, ob die alten Frauen schon erfunden worden seien. Dreißig Jahre später sind wir immer noch damit beschäftigt, uns auszumalen und zu planen, wie sich eine Gesellschaft gestalten lässt, in der alte Frauen stolz darauf sind, alte Frauen zu sein. Weiterhin denken wir – einzeln und gemeinsam – darüber nach, wie wir den Kessel, in dem die Gesellschaft uns festhält, ganz aufsprengen können. Wir sind ein gutes Stück vorangekommen, aber noch nicht weit genug.

Dabei verfügen wir Alten von heute reichlich über all die Qualitäten, die laut Marilynne Robinson nötig sind, um als Mensch authentisch zu sein: Kreativität, Klugheit, Mut, Großzügigkeit, Würde und die Fähigkeit zu tiefer Loyalität. Ja, wir sind ganz und gar menschlich.

Um ein selbstbestimmtes und angenehmes Alter zu definieren, zu gestalten, zu leben, müssen wir unseren schöpferischen Geist bemühen und nach Lösungen abseits der Stereotype suchen, und das gegen die Neigung unserer Gesellschaft, auf Fragen und Probleme des Alters nur mit Scheuklappen zu blicken. Wir müssen die kulturellen Bilder vom Altwerden erweitern und vertiefen: von der äußerlichen Erscheinung, von der Schönheit des Alters, von der Stärke in der Schwäche. Der Wissensschatz der alten Frauen muss gewürdigt werden, wie überhaupt alle Zeichen des Alters. Es gilt, den Lauf des Lebens neu zu begreifen, als ein Geben und Nehmen bis zum Schluss.

Auf dem langen Weg durch das Alter sollten die Gesellschaft und unser eigener Einfallsreichtum uns mit den erforderlichen Hilfsmitteln ausstatten: mit einer medizinischen Versorgung, die den vielfältigen und komplexen gesundheitlichen Problemen, die uns betreffen können, wirklich gerecht wird. Mit der nötigen finanziellen Unterstützung, um uns ein Leben in Würde und Freiheit zu ermöglichen. Mit einem sozialen Sicherheitsnetz, das nicht nur das Offensichtliche, sondern auch das Unvorhersehbare im Leben einer alten Frau umfasst. Mit einer großen Bandbreite an persönlichen Dienstleistungen. Und mit einer Extraportion Respekt.

Meine Absicht war, diese Kühnheiten in solcher Vielfalt vorzuschlagen, dass sich möglichst viele alte Frauen darin wiederfinden können, also nicht nur Veteraninnen eines bestimmten Typs oder in bestimmten Situationen. Ich habe mich bemüht, redlich und wahrheitsgetreu zu argumentieren und dabei einen einigermaßen ruhigen und hoffnungsvollen Blick auf unsere Zukunft anzubieten; im Wissen, wie schwierig das ist, und in der Überzeugung, dass es dennoch möglich ist. Dass es in unserer Macht steht, die Welt für die Alten von heute und morgen mit jedem Tag ein bisschen geräumiger und interessanter zu machen. Doch ich weiß auch, uns bleibt nicht mehr die Zeit, um die Veränderungen, die wir anstreben, auf die lange Bank zu schieben. Wenn wir wollen, dass sie Wirklichkeit werden, müssen wir selbst daran glauben und uns an die Arbeit machen. Unverzüglich.

Die in diesem Buch behandelten Themen und der Ansatz, dem ich dabei gefolgt bin, mögen Frauen, die ein Leben lang sich selbst und ihre Kinder mühsam durchbringen mussten – ohne jede Anerkennung für ihre enorme Leistung und mit wenig Zugang zu Kultur und Bildung –, auf den ersten Blick ziemlich fremd erscheinen. Ich setze bei meinen Forderungen »oben« an, denn es »unten« zu tun, hieße hinzunehmen, dass bestimmte Errungenschaften nur wenigen Auserwählten vorbehalten sind. Und das sollten wir nicht.

Ich will auch nicht unterschlagen, dass einige Strömungen in der Gerontologie auf Vorschläge setzen, die nur für wirtschaftlich und kulturell privilegierte alte Frauen wirklich umsetzbar, für den Großteil der Bevölkerung aber illusorisch sind. Gewiss, wir sind viele und wir sind vielfältig: Hoffentlich schaffen wir es, uns alle zu einem bereichernden Erfahrungsaustausch zusammenzufinden.

Zweifellos habe ich an einigen Stellen in diesem Buch übertrieben, aber darum geht es ja: unseren kritischen Blick auf den Alltag zu schärfen, uns selbst und den Situationen, mit denen wir konfrontiert werden, einen Spiegel vorzuhalten und zu zeigen, wie lächerlich vieles davon ist – ebenso wie die Vorstellungen, die andere von uns oft haben. Und nebenbei wollte ich die Leute, die über unsere Belange entscheiden, ein bisschen nervös machen.

Manche Vorschläge mögen schockieren, weil sie in den Bereich dessen fallen, *wovon nicht laut geredet*, was also vermeintlich rücksichtsvoll verschwiegen wird. Doch gerade weil wir ihn nicht zu benennen pflegen, bleibt dieser Bereich unsichtbar, sodass dort nichts korrigiert werden kann und sich die Ablehnung und Geringschätzung alter Menschen in unserer Gesellschaft bloß fortsetzt.

Auch wenn es auf der Hand liegt, erinnere ich gerne daran, dass es die Pflicht jeder Denkerin ist, tatsächlich zu denken, zu hinterfragen, Zweifel zu äußern. Unruhe zu verbreiten. Nicht das Bekannte zu wiederholen und zu verfestigen, schon gar nicht, wenn es dazu beiträgt, die Einschränkungen zu erhalten, die uns klein machen. Viele der Vorschläge und Unverfrorenheiten, die ich in diesem Buch äußere, mögen utopisch erscheinen. Doch ich bin überzeugt, ohne Utopie ändert sich nichts.

Letztlich sind dies bloß Notizen vom Überleben. Viele Themen bleiben ausgespart, auch wenn sie ebenfalls hilfreich wären, um bis an unseren letzten Tag die Freiheit, wir selbst zu sein, zu wahren. Es ist bloß eine Auswahl dessen, was möglich ist, auch wenn es beim ersten Lesen vielleicht manchen viel zu viel vorkommt und sie denken, ich sei inzwischen übergeschnappt (angefangen bei der Sturheit, mit der ich das Wort *alt* verwende, obwohl es, wie ich mittlerweile weiß, in vielen Sprachen negativ besetzt ist; aber, wie eingangs gesagt: Ich baue darauf, dass wir es uns positiv aneignen und dabei seinen Bedeutungsraum erweitern können).

Außerdem: Pick dir aus diesem Buch einfach das raus, was du anregend findest, und lass den Rest beiseite. Vielleicht wirst du mit der Zeit und im Austausch mit anderen Frauen selbst zu einer dieser unbequemen Alten, die sich von dieser Gesellschaft partout nicht aufs Abstellgleis schieben lassen. Und das wollen wir feiern. Willkommen im Club der kraftvollen Alten!

Danksagung

Dieses Buch ist die Frucht der guten Laune und der Friedlichkeit, die ich verspürte, als ich eine Zeit gesundheitlicher Probleme hinter mir hatte. Ich durchstand diese Zeit mit der tatkräftigen Hilfe meiner Freundin Rosa Sender und vor allem dank der Zuwendung und Fürsorge von Juan Serrano – *in diesem Team kannst du nicht krank werden* – und unserem Sohn Bruno. Zusammen mit meinen Schwestern und meinem achtsamen Freundeskreis bildeten sie ein perfekt abgestimmtes Orchester, um mich zu heilen. Und hier bin ich. In der Zeit des Austauschs und Genusses, als ich das Buch fertig schrieb – im Juli 2020 –, wusste ich noch nicht, dass ich mich bald, nach 40 gemeinsamen Jahren, von meinem Lebenspartner würde verabschieden müssen …

Während ich das Buch schrieb, befiel mich immer wieder die Sorge, ob es überhaupt irgendwohin passen würde. Manchmal erschien es mir zu verrückt, zu gewagt, zu unverschämt. Marisa Calero – Sprach-Notdienst Tag und Nacht – und Marina Fuentes-Guerra haben mich beim Schreiben Schritt für Schritt begleitet und beruhigt. Sie beide sowie Consuelo Borreguero und Araceli Velasco haben das Manuskript kritisch gelesen und mit ihren Anmerkungen bereichert. Auch Heide Braun hat ihren aufmerksamen blauen Blick über den Text gleiten lassen. Ihnen allen bin ich dankbar für ihre guten Ratschläge und den nützlichen Hinweis: »Reinigen, polieren, zum Glänzen bringen«. Mein Herz ist froh und mein Geist in Frieden. In bestimmten

Momenten wird dir bewusst, dass das Leben voller wunderbarer Menschen ist.

Manuela Carmena hat sich sofort bereit erklärt, ein Vorwort zu verfassen, begeistert, wie sie sagte – was für eine Ehre! Meine Lieblingslyrikerinnen Juana Castro und Marisa Calero haben jeweils ein Gedicht für das Buch geschrieben. Jahrzehnte enger und feministischer Freundschaft verbinden uns. Vielen Dank, Juana, meine großzügige Freundin! Und was soll ich dir sagen, Marisa, du stille gute Fee? Mit Brigitte Rossignot teile ich den kritisch-amüsierten Blick auf die lächerlichen und lustigen Seiten des Daseins. Ihr danke ich für die Illustrationen, die sie mir schickte, während sie den Text auszugsweise las, auch wenn sie leider nicht im Buch enthalten sind. *On verra*. Marisa Pineda, wo immer du jetzt bist, deine großzügige Freiheit hat unsere Freundschaft erleuchtet. Ich trage dich im Herzen.

Eins der wichtigsten Kapitel meines Lebens sind die 25 Jahre der *Veladas* im Kreis meiner Weggefährtinnen: ein systematischer Gedankenaustausch durch das facettenreiche Prisma des Feminismus, mit einem Zusammenhalt unter uns Frauen, der alle Lebensstürme überdauert hat. Marisa Calero, Marina Fuentes-Guerra, Juana Castro, Pilar de la Torre, Natividad Povedano, Consuelo Borreguero; Pilar del Pino, deren Seele Februar 2021, um es mit Emily Brontë zu sagen, die Abendwinde mit einem traurigen Seufzer weit von der Erde weggetragen haben; und immer Caleli Sequeiros: Euch verdanke ich ebenso die Musik meines feministischen Denkens wie das Glücksgefühl der Zugehörigkeit. Aus diesen Weidenruten habe ich mir in den letzten Jahren Bleistifte der Ungezwungenheit geschnitzt, bei der Gesprächsrunde *Las frescas, una habitación propia* (*Die Unverfrorenen – ein eigenes Zimmer*). Ich bin eine vom Leben reich beschenkte alte Frau.

Für dieses Buch hat, wie für alle meine Bücher, Rosa Bertrán, meine *Agentinnenfreundin*, von ihrem Aussichtsturm aus Strippen gezogen und mir kostbaren Rat gegeben. Dani vom Verlag Captain Swing danke ich für sein anhaltendes Vertrauen in diese und andere Zusammenarbeiten.

Und schließlich ist es an der Zeit, noch die Unzähligen zu erwähnen. All die Frauen – und natürlich auch ein paar Männer –, ob jung, ob alt, ob in mittleren Jahren, die mich in meinem Leben als Vagabundin aus Barcelona mit Wahlheimat Córdoba so großherzig durch manche Pfützen und etliche, meist unverfrorene Projekte begleitet haben. Frauen aus vielen Teilen Spaniens und Lateinamerikas, die mir die Welt bedeuten. Einige sind alte Freundinnen, andere kenne ich erst seit vorgestern, doch sie alle sind unverzichtbar in dem Mosaik, aus dem mein Denken und mein übermütiges, dankbares Herz bestehen.

»Heirate einen Archäologen – je älter du wirst, umso interessanter wird er dich finden.«
Agatha Christie

Quellenverzeichnis

Andrews, Molly (1999): »The seductiveness of agelessness«, in: *Ageing and Society* 19, S. 301–318.

Bartky, Sandra Lee (2000): »Unplanned Obsolescence: Some reflections on Aging«, in: Margaret Urban Walker (Hg.): *Mother Time. Women, Aging and Ethics*. Rowman & Littlefield: Lanham. S. 61–74.

Bayés, Ramon (2015): *Olvida tu edad*. Plataforma: Barcelona.

Beauvoir, Simone de (2000): *Das Alter*. Rowohlt Taschenbuch: Hamburg.

Belli, Gioconda (2016): *Mondhitze*. Droemer: München.

Berger, John/Berger, Yves (2015): *Flying Skirts. An elegy*. Occasional Press: Cork.

Bobin, Christian (1999): *La présence pure*. Le temps qu'il fait: Mazères.

Boston Women's Collective (Hg.) (1970): *Our Bodies, Ourselves*. Simon & Schuster: New York.

Coria, Clara/Freixas, Anna/Covas, Susana (2005): *Los cambios en la vida de las mujeres. Temores, mitos y estrategias*. Paidós: Barcelona.

Doress-Worters, Paula B./Siegal, Diana Laskin (Hg.) (1994): *The New Ourselves, Growing Older: Women Aging with*

Knowledge and Power. Simon & Schuster: New York.

Drabble, Margaret (2016): *The Dark Flood Rises*. Farrar, Straus & Giroux: New York.

Erikson, Erik H. (2005): *Kindheit und Gesellschaft*. Klett-Cotta: Stuttgart.

Ernaux, Annie (1999): *Je ne suis pas sortie de ma nuit*. Gallimard: Paris.

Fontaine, Anne (2013): *Tage am Strand* [Film].

Freixas, Anna (Hg.) (2005): *Abuelas, madres, hijas. La transmisión sociocultural del arte de envejecer*. Icaria/UCO: Barcelona.

Freixas, Anna (2007): *Nuestra menopausia. Una versión no oficial*. Paidós: Barcelona.

Freixas, Anna (2013): *Tan frescas. Las nuevas mujeres mayores del siglo XXI*. Paidós: Barcelona.

Freixas, Anna (2019): *Ohne Regel(n). Erotik und Freiheit für Frauen nach der Regel*. Orlanda Verlag: Berlin.

Friedan, Betty (2016): *Der Weiblichkeitswahn oder Die Selbstbefreiung der Frau*. Rowohlt Repertoire: Reinbek bei Hamburg.

Friedan, Betty (1995): *Mythos Alter*. Rowohlt: Reinbek bei Hamburg.

Gillies, Andrea (2009): *Keeper: A Book About Memory, Identity, Wordsworth and Cake*. Short Books: London.

Gilligan, Carol (2002): *The Birth of Pleasure. A New Map of Love*. Chatto & Windus: London.

Greer, Germaine (1991): *The Change: Women, Aging and the Menopause*. Hamish Hamilton: London.

Groult, Benoîte (2007): *Salz des Lebens*. Bloomsbury: Berlin.

Holstein, Martha (2015): *Women in Late Life. Critical Perspectives on Gender and Age*. Rowman & Littlefield: Lanham.

Jacobs, Jane (2015): *Tod und Leben großer amerikanischer Städte*. Birkhäuser Verlag: Basel.

Kondo, Marie (2013): *Magic Cleaning: Wie richtiges Aufräumen Ihr Leben verändert*. Rowohlt: Reinbek bei Hamburg.

Lorde, Audre (2021): »Vom Nutzen der Wut: Wie Frauen auf Rassismus reagieren«, in: *Sister Outsider. Essays*. Hanser: Berlin. S. 13–27.

Lusiardi, Delfina (2008): *Lejos de los caminos trillados*. Sabina Editorial: Madrid.

Maines, Rachael P. (1999): *The Technology of Orgasm. Hysteria, the Vibrator, and Women's Sexual Satisfaction*. Johns Hopkins University Press: Baltimore.

McMillan, Terry (2020): *It's Not All Downhill from Here*. Ballantine Books: New York.

Mead, Margaret (1970): *Kindheit und Jugend auf Samoa*. dtv: München.

Molloy, Sylvia (2012): *Desarticulaciones*. Eterna Cadencia: Buenos Aires.

Moorhouse, Jocelyn (1995): *Der amerikanische Quilt* [Film].

Moscati, Antonella (2011): *Fast eine Ewigkeit*. Bertelsmann: München.

Northrup, Christiane (2016): *Weisheit der Wechseljahre: Selbstheilung, Veränderung und Neuanfang in der zweiten Lebenshälfte*. ZS Verlag: München.

Oberg, Peter (1996): »The absent body. A social gerontological paradox«, in: *Ageing and Society*, 16(6), S. 701–719.

Olsen, Tillie (1971): *Tell Me a Riddle*. Delta: New York.

Paley, Grace (1999): *Just as I thought.* Farrar, Straus & Giroux: New York.

Pàmies, Teresa (1989): *Rebelión de viejas.* LaSal: Barcelona.

Rich, Adrienne (1980): *On Lies, Secrets, and Silence.* Virago: London.

Robinson, Marilynne (2018): *What Are We Doing Here?: Essays.* Farrar, Straus & Giroux: New York.

Skomsvold, Kjersti Annesdatter (2011): *Je schneller ich gehe, desto kleiner bin ich.* Hoffmann und Campe: Hamburg.

Urretabizkaia, Arantxa (2011): *Las tres Marías.* Erein Argitaletxea: Donostia.

Wexler, Tanja (2011): *In guten Händen – oder die Geschichte der Erfindung des Vibrators* [Film].

Wharton, Edith (2011): *Bunner Sisters.* tredition: Hamburg.

WHO (2007): »Global Age-friendly Cities. A Guide«, verfügbar unter: https://apps.who.int/iris/bitstream/handle/10665/43755/9789241547307_eng.pdf?sequence=1&isAllowed=y, letzter Zugriff am 13.07.2022.

Anna Freixas' Literaturempfehlungen

auf Deutsch erschienen

Athill, Diana (2010): *Irgendwo ein Ende: vom guten Leben im Alter*. Ullstein: Berlin.

Didion, Joan (2005): *Das Jahr des magischen Denkens*. claassen: Berlin.

Friedan, Betty (1995): *Mythos Alter*. Rowohlt: Reinbek bei Hamburg.

Gornick, Vivian (2019): *Ich und meine Mutter*. Penguin: München.

Gornick, Vivian (2020): *Eine Frau in New York*. Penguin: München.

Haruf, Kent (2020): *Unsere Seelen bei Nacht*. Diogenes: Zürich.

Hite, Shere (1977): *Hite-Report. Das sexuelle Erleben der Frau*. Bertelsmann: München.

Honoré, Carl (2020): *Faltenstolz. Über die Schönheit und die Kraft des Älterwerdens*. Beltz: Weinheim.

Lessing, Doris (2004): *Ein Kind der Liebe*. Hoffmann und Campe: Hamburg.

Noll, Ingrid (1996): *Kalt ist der Abendhauch*. Diogenes: Zürich.

Noll, Ingrid (2006): *Ladylike*. Diogenes: Zürich.

Oates, Joyce Carol (2013): *Meine Zeit der Trauer*. S. Fischer: Frankfurt am Main.

Otto, Whitney (1994): *Quilt*. Krüger: Frankfurt am Main.

Roca, Paco (2013): *Kopf in den Wolken*. Reprodukt: Berlin.

Roger, Marie-Sabine (2017): *Das Labyrinth der Wörter*. Hoffmann und Campe: Hamburg.

Sackville-West, Vita (1953): *Erloschenes Feuer*. Fischer Bücherei: Frankfurt am Main.

Saucier, Jocelyne (2015): *Ein Leben mehr*. Insel Verlag: Berlin.

Shulman, Alix Kates (2010): *Zu lieben was ist*. Lübbe: Köln.

Spark, Muriel (2018): *Memento mori*. Diogenes: Zürich.

Strout, Elizabeth (2010): *Mit Blick aufs Meer*. Luchterhand: Berlin.

Strout, Elizabeth (2019): *Die langen Abende*. Luchterhand: Berlin.

Vigan, Delphine de (2020): *Dankbarkeiten*. DuMont: Köln.

Wallis, Velma (1994): *Zwei alte Frauen. Eine Legende von Verrat und Tapferkeit*. Piper: München.

Originaltitel: Anna Freixas, YO, VIEJA
Apuntes de supervivencia para seres libres

Die Übersetzung dieses Buches wurde von Acción Cultural Española (AC/E) unterstützt.

AC/E
ACCIÓN CULTURAL
ESPAÑOLA

1. Auflage 2022

www.orlanda.de

Übersetzung: Gemma Terés Arilla und Michael Ebmeyer
Cover: Reinhard Binder
Illustrationen Cover: Charlotte Quandt
Lektorat: Michael Ebmeyer
Korrektur: Miriam Gries
Satz: Melanie Scheer
Druck und Bindung: CPI Print, Leck
Printed in Germany

MIX
Papier aus verantwortungsvollen Quellen
FSC® C083411
www.fsc.org

Dieses Buch wurde klimaneutral gedruckt.

ISBN 978-3-949545-25-2

Bei aller Sorgfalt können auch wir Fehler übersehen. Deshalb freuen wir uns, wenn Sie uns Hinweise auf Fehler an folgende Adresse schicken: mail@orlanda.de